中國學術思想 研究輯刊

二六編

林慶彰 主編

第11冊

中國茶道與美學

劉麗君 著

花木蘭文化事業有限公司

國家圖書館出版品預行編目資料

中國茶道與美學／劉麗君 著 — 初版 — 新北市：花木蘭文
化事業有限公司，2017〔民 106〕
目 2+162 面；19×26 公分
（中國學術思想研究輯刊 二六編；第 11 冊）
ISBN 978-986-485-175-1（精裝）
1. 茶藝 2. 中國
030.8   106014202

ISBN-978-986-485-175-1

9 789864 851751

中國學術思想研究輯刊
二六編　第十一冊　　　　　　　ISBN：978-986-485-175-1

中國茶道與美學

作　　者　劉麗君
主　　編　林慶彰
總 編 輯　杜潔祥
副總編輯　楊嘉樂
編　　輯　許郁翎、王　筑　美術編輯　陳逸婷
出　　版　花木蘭文化事業有限公司
社　　長　高小娟
聯絡地址　235　新北市中和區中安街七二號十三樓
　　　　　電話：02-2923-1455／傳真：02-2923-1452
網　　址　http://www.huamulan.tw　信箱　hml810518@gmail.com
印　　刷　普羅文化出版廣告事業
封面設計　劉開工作室
初　　版　2017 年 9 月
全書字數　141348 字
定　　價　二六編 12 冊（精裝）新台幣 22,000 元　　　　版權所有·請勿翻印

中國茶道與美學

劉麗君 著

作者簡介

劉麗君，湖北武漢人，2012 年 7 月畢業於武漢大學哲學學院美學專業，獲哲學博士學位。2014 年 7 月至 2016 年 6 月於武漢大學文學院博士後流動站，從事文藝學及美學研究。2012 年 7 月進入中國科學院茶葉研究所學習並考核爲國家高級茶藝師及高級評茶師。主要研究方向爲美學、文藝學及藝術審美。劉麗君師從當代著名哲學家、美學家劉綱紀先生，攻讀武漢大學中國美學與藝術研究方向的哲學博士學位。在博士生入學之前，爲中國哲學與美學研究方向的哲學碩士。發表學術論文十餘篇，打下了較爲堅實的學術基礎。博士後工作期間作爲主要成員參與了國家社科基金委項目《當代視域下的文化自律問題研究》。

提　要

　　眾所周知，中國是茶道的發源地，是茶的故鄉。神農氏時代是中華民族發展史的遠古時期，由此推知茶葉的發現與應用距今已有 4500 多年的歷史。兩漢時，茶從巴蜀傳至長江中游，三國時期傳到長江下游。到了兩晉南北朝時期，茶逐漸成爲由王公貴族到文人墨客，乃至平常人家的飲品和待客之物。歲月悠悠，承載著中國傳統文化精神的茶，也由治病養身的湯藥、飲品，上升到了靜定思悟，和諧友愛的佳品。

　　第一章認爲「茶道」能否作爲一個完整的基本概念存在，是中國茶道與美學的研究基礎。文章對「茶」、「道」分別進行考察，然後找出兩者的聯結點，來明確「茶道」的涵義。「道」在中國傳統文化中有著重要而特殊的意義和地位，而影響中國文化至深的道儒禪三家對於「道」有著各自的理解。「美」對於道儒禪三家而言，不限於感官快適，也非僅由形式之美所引起的快適，而是各自得道之後的感受。得「道」的境界實際上就是美的境界，同時也是人們所追求實現的理想人生境界。綜合來看，茶道是人們從品味茶的色、香、味、形，到靜心暢神體悟人生乃至天地之道，這一過程是純粹的審美體驗。

　　通過閱讀和梳理資料，並結合歷史發展的脈絡，發現茶道發展過程中的「仙茶說」、「茶德說」和「茶禪一味」的主要現象與思想，與影響中國美學較深的仙道思想、比德說和「味」的理論有一定的對應關係，由此來進一步探析茶道與美學之間的關聯。

　　第二章選用明代楊維楨的《煮茶夢記》爲例，對品茶遊仙的想像與情景進行了描繪，文章充分表現出飲茶人在茶煙彌漫的氛圍中，遊夢出塵的仙境之美。如仙如道，煙霞璀璨，此番情景給人極大的審美享受。讀來讓人彷彿遠離塵世，進入仙樂飄飄、茶香氤氳的世外桃源，對於「仙茶說」的思想進行了很好詮釋。

　　第三章中宋代大文豪蘇軾的《葉嘉傳》，是目前所知的第一篇以茶爲題材的紀傳體作品。紀傳體的文章長於展示故事情節，刻畫人物特點，相比於其他體裁的文學作品更爲生動。在《葉嘉傳》一文中，蘇軾運用了詩人豐富的想像力，化茶爲人，將葉嘉成功地塑造爲個性鮮明、品德高尚的人物形象。爲葉嘉立傳，也是爲茶立傳，也可以說是爲茶人立傳。將葉嘉的性格品行與茶的天然特點描繪得相得益彰，可敬可愛的形象躍然紙上，是以茶比德的代表作。

第四章認爲茶有助於僧侶們在修行時體悟「禪味」，使人心進入清淨境地。宋代的圓悟克勤禪師所撰的《碧巖錄》中提到茶，而其中最多的當屬「吃茶去」。禪宗主張，參禪悟道要在平常生活中去實踐和體悟，一切順其自然，自在無礙。而在茶道中，「茶禪一味」正是由「平常心」帶來的自由感。

第五章認爲在傳統文化的指引下，茶道與其他藝術的美育功能是相類似的，另一方面也具有自己的獨特性。茶道的美育功能大致表現在個人、社會和自然三個方面。從個人這個角度而言，茶道有著怡情養性的作用。對於社會，茶道有著薰德陶化和完善禮儀的作用。而對於自然來說，茶道使人們與天地自然相融合，天人合一的思想得到了體驗和實現。

目

次

導　言

一、選題意義與研究視角

　　茶樹的人工種植與茶的品賞是中華文明的一大發現，與絲綢、瓷器鼎足而三，爲人類物質文明的進步做出了重要貢獻，也爲人們的日常生活增添了審美情趣。自唐代陸羽撰述《茶經》以來，歷代都有文人雅士記錄茶葉的烹泡、品味和賞鑒的技巧方法和審美體驗。由於茶本身具有靜心醒神的作用，因而被文人墨客們推爲啓發文思、傳達情意乃至體悟大道的天賜佳物，茶逐漸從生活的必需品轉化爲思想上的靈感之源。一直以來，學界對於茶學的研究保持著相當的熱情，從茶道的涵義、茶道的發展史、茶道與傳統文化的關係等諸方面進行探討，取得了豐碩的成果。通過閱讀和比較相關資料後，發現在已有的研究成果中仍存在一定的拓展空間。

　　首先，在對「茶道」這一概念進行溯源和界定的問題上，當代的專家學者各有見解，眾說紛紜。有些學者認爲中國沒有茶道，有些則認爲茶藝即茶道。其實，「道」在我國的傳統文化中有著不同層面和角度的涵義，只有弄清了「道」，才能結合茶的特點和作用來說出「茶道」的本義。爲此，本文將對「茶」與「道」兩者的涵義分別進行回溯和解析，並探尋兩者得以結合成爲一個概念的依據。只有眞正確立茶道的存在，明確茶道的涵義與組成要素，才能系統合理地探討茶道本身及其相關理論是如何聯繫和延展的。

　　其次，鑒於我國疆土幅員遼闊，茶的發展歷史悠久，無論從時間上進行分期，還是從地域上進行劃分，抑或是從民族、流派、人員階層等的差異進行分類，關於中國茶道的研究都是一項浩瀚繁重的工作，同時它本身也是一

個內蘊豐富的寶藏。然而，但凡事物的發展都有一條主線使之一脈相承，作為中國的茶道思想，這條主線自然而然地與中國的哲學思想聯繫在了一起。因而要論述茶道思想不可孤立地去分析或建構它，必須與哲學思想相結合，才能較為精準地把握住它的路徑和精髓。一切思想源於人，人性和茶性之間的關係也是本文重視的基本問題。

再次，從目前的研究成果來看，我國學者關於茶的研究大多從文學、藝術以及自然科學等諸角度進行切入。茶道是人們從品味茶的色、香、味、形，到靜心暢神體悟人生乃至天地之道，這一過程是純粹的審美過程。從美學的角度來深入研究中國茶道的著作和資料相對較少，而中國美學中的理論和範疇在古代社會的各個層面都有體現，茶道也不例外，其中不僅蘊含著中國古典美學的精神，也透顯出其特有的神韻。因此，本文嘗試著從這一視角出發，將美學中的審美體驗、美感、美育等相關概念和範疇與茶道結合起來，探尋和建立兩者之間的聯結點。

上個世紀的中後期，人們對於品茶的興致處於衰退消沉的階段，目前處於復蘇回暖的時期。茶道與美學的相關研究工作，有助於人們進一步認識和喜愛茶，讓茶來承載和傳遞中國傳統文化中的精粹，使人能冷靜理性地面對自我、他人、社會以及自然界，使自身完善並與身外一切相和諧，真正享有優雅的自由之美。

二、研究現狀（～2012 年）

（一）關於茶道研究的專著

1、賴功歐著：《茶哲睿智——中國茶文化與儒釋道》，北京：光明日報出版社，1999 年出版。

該書以我國儒釋道三家的哲學思想為著眼點，分別論述和解析三者對於茶文化的不同作用和影響，認為中國茶道最大限度地包容了儒釋道三家的思想精華，體現了中華民族的大道精神。天人合一的中國傳統思想主題，成為儒釋道三家共有的整體直觀方式。而在三者之間相攝相融，相互激蕩的過程中，文人士大夫階層將茶道引向了更為清高、閒雅、深遠的精神境界。

為了清晰地論述三家對於茶道的影響，作者將文章分為四章。首先是論述道家思想與茶文化的淵源。首先揭示了自然之「道」與茶文化的內涵之間

的關聯，明確提出道家思想對於茶文化的影響最為久遠和深刻的觀點，進一步提出道家「樂生」精神與虛靜恬淡的統一與茶文化的特性相符合，並認為道家的「隱逸」思想與茶文化有著最為徹底的結合。

接著文章認為從茶文化的發生源頭與道家的基本思想和概念的淵源最深，而從發展的角度看，茶文化的核心思想是儒家學說——「和」的思想境界，即儒家倫理道德中的「中和」理論。這裡的「道」，不再僅僅是自然之道，而同時是倫理意義上的「道」。儒家的人格思想與茶文化的精神緊密相聯，將茶的品性與人的品性相比擬，認為雅志是茶的突出效用。

其次，作者分析了茶道與禪宗思想結合之後日益興盛，認為當茶與禪的內在頓悟相結合，使得茶飲開創和成為了一種新的文化形式和文化道路。「茶禪一味」體現了一種「無一物」的自由自在，使人得以進入無事、無心、無作的無礙狀態，同時又時時處處顯現出無限的生機與活力。介紹了茶事活動與「農禪之風」的佛教傳統，論述了茶在僧人日常修行和生活中的作用與地位，進一步說明了兩者之間的密切關聯。

最後總結了儒釋道三家對於茶文化的影響，並提出文人對於茶道發展所起的重要作用。作者認為茶文化最大限度的包容了三者的思想精華，使之不遜色於任何一種形態的文化。茶既具有飄然於塵外的情調，又充滿著人間的情味與平和的氣質。它既是自然造就的，又是人間之作。因而，道家的自然境界，儒家的道德境界，禪宗的體悟境界，融會成了中國茶道的基本格調與風貌。

2、（日）岡倉天心著、谷意譯：《茶之書》（《The book of tea》），山東
　　書報出版社，2010 年出版。

岡倉天心（1863～1913）是日本的美術活動家、美術教育家、文藝理論家。《茶之書》用英文撰寫，於 1906 年由紐約 Fox Dufield 出版社出版，原題為《THE BOOK OF TEA By Okakura-Kakuzo》。它席捲了美國全土，並陸續譯為法文、德文版本，影響遍及全歐洲。岡倉天心用人情的碗、茶道的流派、道與禪的關係、茶室、藝術鑒賞、茶花、茶道大師等七個章節對茶道文化做了精闢的解說。他在書的開篇寫到：「茶道是基於崇拜日常生活裏俗事之美的一種儀式，它開導人們純粹與和諧，互愛的秘密，以及社會秩序中的浪漫主義。茶道基本上是一種對不完美的崇拜，就像它是一種在難以成就的人生中，希求有所成就的溫良的企圖一樣。」將茶道的地位提升到精神世界的最高層

面。作者的本意是以茶道爲媒，傳播東亞文化，而更多地是傳播日本的思想。該書的出版在西方世界引起很大的震動，使人們開始更多的關注東方藝術、關注茶道。在此之後，茶道的藝術價值逐漸得到世人公認。雖然文章中，岡倉天心將道家理解爲道教引起了讀者的爭議，但其重視道教對於茶道的影響和作用，也是把握到了茶道精髓的體現。

3、王從仁著：《中國茶文化》，上海，上海古籍出版社，2001 年出版。

作者對我國的茶文化進行了考證和梳理，全書分爲六個部分，分別是茶史漫話、名茶趣談、古今飲茶風習、飲茶用水、茶具藝術以及茶與人生。對於茶的發源地是否爲中國進行了闡述，通過我國相關史料的記載，多國科學家的實地考察和嚴密論證，認爲茶的傳播是以四川、雲南爲中心，往南推移，由緬甸到阿薩姆，向喬木化、大葉形發展；往北推移，則向灌木化、小葉形發展。而爭議最大的阿薩姆種被專家們認定爲中國茶樹的變種，印度茶葉生產至今不到兩百年歷史。世界上絕大多數研究者均認定我國的滇西南爲茶的搖籃。

對於飲茶的歷史，作者認爲至少可以認爲在戰國時代，茶葉已經作爲一種藥物爲人們所瞭解和服用。秦漢前，基本屬於茶的藥用時期。直到魏晉以後，茶的主要功能轉移到飲料上，但人們還是相當注重茶的藥用功能。在對「茶」和「荼」的考察過程中，認爲陸羽《茶經》的出現，讓「茶」正式取代了「荼」。並對餅茶時期和散茶時期的飲茶與製茶的方法與特點進行了闡述，簡述了六大茶的形成。而在對名茶的得名緣由的記述上，作者認爲茶作爲民族文化的象徵，名稱的由來和傳說都透顯著濃鬱的文化氣息。文章將茶的得名分爲帝王品題型、神話傳說型和以山命名型。

該書對古今的飲茶風習進行了介紹，通過古代、現當代以及少數民族和國外的品飲方式，簡要勾畫出古今中外飲茶的風貌。在飲茶用水的問題上，作者對我國名泉進行介紹，從文獻中梳理出「清、甘、活、輕、冽」的品水法。對汲水、貯水和煎水的方法也進行了分析，認爲飲茶的過程中，水的品質以及親自汲、貯、煎的活動都是文人學士在飲茶過程中自娛自樂的趣味。在對茶具文化的梳理上，作者將其分爲唐代、宋代和明清三個時期，認爲茶具的發展，表現爲由粗趨精，由大趨小，由簡趨繁，復又返璞歸眞，從簡行事的過程，同時由於與時代風氣密切相關，是一種藝術化、文人化的過程。整篇文章可以說是對茶文化的簡要提煉和梳理，文字通俗易懂，圖文並茂，

是人們瞭解茶文化的通俗讀物。作者對於茶文化中某些有爭議的問題，沒有隨波逐流，清晰地給出了自己的看法。但在人格道德與茶的論說上，認爲將茶與人格修養聯繫起來是文人眼界狹窄、自命清高和故弄玄虛，這種說法是有失偏頗的。

4、黃仲先主編：《中國古代茶文化研究》，北京：科學出版社，2010
年出版。

該書以研究茶文化爲主要目的，對茶的起源問題從茶樹的起源、茶祖是誰以及茶名的源流這三個方面進行了分析。對於茶樹的起源，作者從介紹野生大茶樹的考察成果來討論，認爲兩顆野生大茶樹的存在是茶書起源地的佐證之一，我國南方有許多地方生長著樹齡前年的野生大茶樹，尤其在我國的雲南、貴州和四川等有集中分佈。接著作者對茶樹起源地進行了介紹，並綜合植物進化、地質學、細胞學等的研究結果，肯定了茶樹源於我國的西南地區。

關於茶祖是誰的問題，作者列舉了與之相關的傳說，如三國時期的孔明、西漢藥農吳理眞、布朗族茶始祖叭岩冷等，認爲陸羽《茶經》中的「茶之爲飲，發乎神農氏」有相當的依據。爲了證明這種說法的合理性，作者從中國的農神崇拜談起，對古籍中涉及神農氏的記載進行梳理，認爲神農氏是繼包犧氏之後出現的氏族，是以始作農具而聞名的遠古農業氏族或部落的首領。文中對於一些長期以來有爭議的問題進行了相應的考據，具有一定的研究參考價值。

5、朱海燕著：《中國茶美學研究——唐宋茶美學思想與當代茶美學建
設》，北京：光明日報出版社，2009年出版。

文章的前半部分通過唐宋詩詞來探析茶之美，意圖通過提煉和梳理相關文學資料，提煉和分析唐宋時期的茶飲審美思想；並嘗試用中西美學的概念和理論來建構茶美學這一學科。而文章的後半部分對當代茶美學的建設問題以及對茶文化的推廣和茶葉產業的推動問題進行了思考；著重討論了中國當代茶美學與和諧社會的建設問題，並對現狀進行了實證分析，用綜合問卷調查的方式考察消費人群等實際情況。總的來看，該書不是僅僅關注茶道美學理論，而是一本理論和實務並重的著作。從唐宋時期茶詩詞中透露的茶飲審美思想這一角度切入，對唐宋時期的茶文化進行提煉，對於更好的把握當時的茶文化具有一定的研究價值。其中的茶詩詞資料可以作爲本次研究的參

考，作者行文的優美值得學習，而細緻的資料梳理工作也提示文章的論點要集中深入，語言要凝煉精闢，論據要充分，均不是易事。這些都是研究時要特別注意的問題。

6、沈冬梅著：《茶與宋代社會生活》，北京：中國社會科學出版社，2007年出版。

該書對宋代茶藝如採茶習俗、生產過程、保藏方法、點茶程序、分茶和鬥茶技藝、茶具形制和系列等做了歷史比較；對宋代貢茶和賜茶的政治意蘊、茶與宋代社會生活、茶與佛教、茶與中外文化交流、宋人茶觀念、宋代茶書、茶與宋代詩詞書畫等都進行了細緻的考辨和剖析。作者梳理了宋代茶藝、茶文化及茶文化交流的基本脈絡，探究宋代社會生活中的茶文化生活。試圖對宋代豐富複雜的茶文化現象進行考察研究，以及與不同時代的茶文化現象進行比較，從歷史發展的進程中理解中國茶文化，以此闡明宋代末茶在中國茶文化史中承上啓下的地位。

書中不僅搜集了正史中的相關材料，也廣泛地利用宋人的筆記和詩詞、書畫等文藝作品，將考古進展和實物資料與文獻資料相互比較。作者認為茶文化在宋代就發展到農耕社會的極致。宋代末茶點飲技藝，從器、水、火的選擇到最終的茶湯效果，都很注重感官體驗和藝術審美，在茶文化發展的歷史進程中有著獨步天下的特點。相對唐代而言，茶葉生產的具體過程、成品茶葉樣式、茶藝器具、鑑賞標準等發生了較大變化，也遠比唐代精細。這些都使得宋代成為中國茶文化史中極為鮮明的歷史時期。宋代政府禮儀中也納入了很多茶禮，社會中出現了不少與茶相關的社會現象、習俗和觀念。從重視茶與養生的關係，到清晰理性地區別茶與酒的不同特性等等。而宋儒講求格物致知，從不同的事物中領悟人生與社會的道理，他們也從茶飲中省悟到一些人生哲理。茶的清儉之性被比作君子之性，文人們常以茶勵志修身，以茶明志諷政。對茶性的認識也從微小處折射出他們的人生態度。茶同時也充當了宋代宗教僧道徒們修煉和傳道所借助的物品之一，更是禪僧與文人士大夫交往的媒介之一。

宋代點茶法及其某些器具、程序、理念被入宋學禪的日本僧人傳回日本，與當地文化相結合而發展為如今獨具日本特色的茶道文化。在文化領域，由於茶飲和茶藝活動的普泛化，使文人士大夫經常接觸到茶葉、茶事，為文學作品提供了新的題材領域。而中國古代文人四藝——琴棋書畫，與茶結合後

更顯風雅，成爲文人士大夫閒適生活的賞心樂事之一。最後，作者認爲茶豐富了人們的日常生活，影響著宋代及其以後的中國社會的諸多方面，從而成爲了人們認知中國古代社會歷史文化的一個具體的獨特領域。

（二）其他相關論著

1、茶史和茶文化的研究著述

林冶主編的《中國茶道》（西安：世界圖書出版西安公司，2009 年版）介紹了中國茶道的源流、中國茶道與儒佛道、中國茶道與美學、中國茶道與文學等眾多內容。其中對於中國茶道與美學，作者將「天人合一，物我玄會」、「智者樂山，仁者樂水」、「滌除玄鑒，澄懷味象」和「道法自然，保合太和」等理念引入其中。作者認爲在長期的品茗實踐中，中國茶道的不斷豐富，發展了中國古典美學，並逐步構建中國茶道美學的理論體系，初步形成了美學的分支——中國茶道美學。王晶蘇編著的《中華茶道：和、靜、怡、眞的茶文化》（南昌：百花洲文藝出版社，2009 年版）認爲中國人歷來講「道可道，非常道。名可名，非常名」，這雖然是中國古代哲學家老子的哲學思想觀念，但中國歷來重視「道」，將有關茶的生產、製作、飲用，作爲「茶道」來概括，是將與茶相關的全部活動，昇華到形成體系的思想學說的高度。中國人不輕言「道」，不像日本茶有茶道，花有花道，香有香道，劍有劍道，摔跤有柔道。中國飲食活動能昇華爲「道」的，只有茶道。該書全面系統論述了中國飲茶的起源、發展及歷代飲茶方式的演變；道的起源、演變及儒、道、佛的道思想；中華茶道的概念、構成要素及形式等。程啓坤、姚國坤、張莉穎編著的《茶及茶文化二十一講》（上海：上海文化出版社，2010 年版）認爲茶文化屬中介文化，它的內容包括茶的歷史發展、茶區人文環境、茶業科技、千姿百態的茶類和茶具、飲茶習俗和茶道茶藝、茶書茶畫茶詩詞等文化藝術形式，以及茶道精神與茶德、茶對社會生活的影響等諸多方面。還有介於中間狀態的表現形式，如茶政、茶法、禮規、習俗等屬制度文化範疇的內容。因此茶文化的結構體系包括有關茶的物質文化、制度文化和精神文化三個層次。茶文化的精神內涵包含養生、修性、怡情、尊禮四個方面。養生是茶文化的功利追求，修性是茶文化的道德完善，怡情是茶文化的藝術趣味，尊禮是茶文化的人際協調。李昊編《中國茶文化》（北京：外文出版社，2010 年版）認爲茶文化包括茶葉品評技法、藝術操作手段鑒賞、品茗意境的領略等，體現形

式和精神的相互統一。關劍平的《文化傳播視野下的茶文化研究》（北京：中國農業出版社，2009 年版）論述了茶文化的起源、中國茶文化的形成及多向傳播，英國、越南茶文化等。

2、文學和藝術角度的研究著述

沈冬梅、張荷、李涓編著的《茶馨藝文》（上海：上海人民出版社，2009 年版）主要從文學藝術的層面講述茶文化的發展，從茶賦、茶詩、茶詞、茶曲、茶文、茶聯到茶的書法、繪畫、篆刻、雕塑，及至茶的戲劇、音樂歌舞、影視、茶藝等。中國的茶文化與歷代文人學士有著千絲萬縷的聯繫，他們以茶會友、詩文酬酢，留下了諸多膾炙人口的佳作名篇，並派生出許多趣聞逸事。書中囊括了從晉代至當代的文學家和詩人的茶文學代表創作，從不同角度對茶的特點、功效、採製到品飲過程及飲茶帶來的美妙審美體驗所作的描寫。這正與中國文人心馳神往的寧靜、質樸、清爽、超脫的境界相吻合。朱郁華的《無茶不文人》（桂林：廣西師範大學出版社，2010 年版）以茶為主題，在喝茶品水和談人論事的過程中介紹茶文化。李金慧、劉豔娟編著的《唐詩茶趣》（大連：大連出版社，2010 年版）收錄了歷代詩人筆下的「茶」詩。書中提供了詩作原文，還疏通了詩中難點，解說了詩歌含義。於欣力、傅泊寒編著《中國茶詩研究》（昆明：雲南大學出版社，2008 年版）收錄了關於古詩研究、茶文化的發展淵源、茶文化的內涵、茶文化特性、茶文化體系等內容。以詩觀茶，詩史、茶史合一，角度新穎，取材豐富。蔡鎮楚著《中國品茶詩話》（長沙：湖南師範大學出版社，2004 年版）認為茶詩是中國茶文化與中國詩文化相結合的產物，以詩話的獨特藝術形式，生動地介紹了與茶文化相關的一些名人故事、典故由來、地方名茶及茶禪文化。

3、《茶經》和陸羽其人的研究著述

程啓坤、楊招棣、姚國坤的《陸羽〈茶經〉解讀與點校》（上海：上海文化出版社，2004 年版）、沈冬梅的《茶經校注》（北京：中國農業出版社，2006 年版）最為精審。裘紀平《茶經圖說》（杭州：浙江攝影出版社 2003 年版），別具一格地圖解茶經。寇丹的《陸羽和〈茶經〉研究》（香港：天馬圖書有限公司，2003 年版）、《探索陸羽》（澳門：澳門出版協會，2009 年版）兩書對陸羽的形象、思想性格和理想進行論述，以及關於陸羽「西江水」等問題的闡釋，成一家之言。

（三）相關學術論文綜述

由於茶道與美學的研究起步較晚，因此相關的著述很少，相對來說論文方面的研究成果卻是非常豐富的。這些論文分別從不同的視角對茶道與美學進行了較爲深入和細緻的探索與考察。

1、茶道與美學

馬嘉善的《中國茶道美學初探》（《農業考古》2005 年第 2 期）將中國茶道美學的基本特徵概括爲大雅、大美、大悲和大用，認爲中國茶道美學不僅是一門理論學科，更是一門理論和實踐相結合的學科。它研究人們在茶道實踐過程中對美的認識和創造，以及由此而產生的審美趣味和精神追求等。范增平的《茶藝美學論》（《廣西民族學院學報（哲學社會科學版）》2002 年 02 期）認爲茶藝美學是生活美學，也是人生美學。茶藝美學就其形式而言，表現在前置、操作和完成三個階段，十八個步驟中。茶藝美學的原理，是以嚴格的規範促使一個人的思想用文雅和高尚的方式表現出來。讀後可知，茶道美學與茶藝美學的區分在於前者著重於精神內蘊，而後者的著重於表現形式。朱海燕、王秀萍、劉仲華的《唐代詩僧皎然對茶道美學的貢獻》（《湖南農業大學學報（社會科學版）》2009 年 05 期）通過對唐代詩僧皎然詩文中體現的茶美學思想的梳理，深入剖析了其對品茶境界的審美探索。凱亞的《中國茶道的自然之美》（《農業考古》，2001 年第 2 期）、《中國茶道的風度之美》（《農業考古》，2005 年第 2 期）、《中國茶道的虛靜之美》（《農業考古》，2005 年第 4 期）和《中國茶道的簡約之美》（《農業考古》，2006 年第 2 期）四篇文章，對中國茶道的審美特徵進行了分析和概括，認爲風度、虛靜、簡約、自然爲其主要特徵。

2、茶道與茶文化

賴功歐的《論中國文人茶與儒釋道合一的內在關聯》（《農業考古》2000年第 2 期）和《宗教精神與中國茶文化的形成》（《農業考古》2000 年第 4 期）對中國茶文化與儒道釋的關係作了深入研究；樓宇烈《茶禪一味道平常》（《中國禪學》第三卷，中華書局 2004 年）、沈柏村《飲茶與禪修》（《閩南佛學》2000 年第 2 期）、余悅《禪林法語的智慧境界——「禪茶一味」與禪茶表演闡釋》（《農業考古》2001 年第 4 期）和《「茶禪一味」的三重境界》（《農業考古》2004 年第 2 期）、賴功歐《茶道與禪宗的「平常心」》（《農業考古》2003 年第2 期）、吳立民《中國的茶禪文化與中國佛教的茶道》（《法音》2000 年第 9 期）、

陳雲君《簡論「吃茶去」與「茶禪一味」》（《農業考古》2001 年第 4 期）等，對茶禪關係有深刻的理解和體會。王平的《談中國茶文化中之道緣》（《道教教義的現代闡釋——道教思想與中國社會發展進步研討會論文集》，宗教文化出版社 2003 年）闡明中國茶文化的內核與道教因緣難解；丁以壽的《中華茶道的形成與道家》（《2006 第九屆國際茶文化研討會論文集》，浙江古籍出版社 2006 年）論證道家（含道教）對中國茶文化的影響最深。朱郁華的《中國茶具的歷史發展及美學風格的嬗變》（《江南學院學報》，2000 年第 3 期）梳理了茶具發展的歷史和風格的變化過程。

3、陸羽及其《茶經》研究

游修齡《〈茶經‧七之事〉「茗菜」的質疑》（《農業考古》2001 年第 4 期），指出《晏子春秋》中「茗菜」原為「苔菜」；丁以壽《〈茶經‧七之事〉「〈廣雅〉云」考辨》（《農業考古》2000 年第 4 期）認為「《廣雅》云」不僅不是陸羽《茶經》的正文，也非《廣雅》的正文；丁以壽《陸羽〈茶經〉中單道開茶事考》（《2008 第十屆國際茶文化研討會論文集》，浙江古籍出版社 2008 年），指出單道開是晉代的一位道教徒，他所飲「茶蘇」是酒非茶，單道開是酒徒而非茶人。丁以壽《陸羽〈茶經〉成書問題略辨》（《2004 第八屆國際茶文化研討會論文集》，中國國際文化出版社 2004 年），指出陸羽《茶經》的成書經歷了從《茶記》到《茶論》再到《茶經》的過程。周志剛《陸羽與懷素交往考》（《農業考古》2000 年第 4 期）、《陸羽與李季蘭交往考》（《農業考古》2000 年第 2 期）對陸羽與李冶、懷素交往的考論切實。他的《陸羽年譜》（《農業考古》2003 年第 2 期、第 4 期），援引史料，言必有據，是到目前為止關於陸羽生平年表、年譜最接近真實的一種。錢時霖《〈陸文學自傳〉真偽考辨》（《農業考古》2000 第 2 期）對《陸文學自傳》真偽的辨析，朱乃良《試析陸羽研究中幾個有異議的問題》（《農業考古》2000 年第 2 期）、《再談陸羽研究中幾個有異議的問題》（《農業考古》2003 年第 2 期）等系列論文對陸羽研究中一些有爭議問題的考辨，都有獨到見解。

三、研究思路與方法

中國是茶的原產地，茶從發現認識到為人們所用，經歷了由藥用到食用進而到飲用的漫長過程。茶集天地山川的靈氣於一身，具有清儉、收澀、至

寒的秉性，它不僅滿足了人們的食用和解渴之需，更能引導人們靜心醒神，體悟人生和宇宙之道。因而，歷代文人士大夫們喜愛與贊賞茶，他們將茶葉視爲有靈性的聖潔之物，大量以茶爲主題的文學藝術作品應運而生。自然而然地，中國傳統哲學與美學的精神也滲透到其中。關於茶的古代文獻，大多是關於茶的種植、採摘、烹製、品飲等等，茶的品類、水的品類、火源的選取、茶器具的選擇、茗所的布置以及茶人的品行等都有精妙的記述。上個世紀的中後期開始，隨著社會政治經濟文化的穩步發展，人們對於品茶的興致逐漸復蘇回暖。關於茶的研究也有大量成果出現，主要表現在茶文化綜合研究、茶史研究、茶藝研究、陸羽及其《茶經》研究以及茶文化的文獻資料整理等方面。然而，在關於茶飲藝術與美學的研究上，主要以散見於各大期刊的論文和論著的個別章節爲主，研究深度略顯不足。因此，要在新的歷史時期重新定位茶飲藝術，對其審美方式和美學精神進行深入探究就顯得尤爲重要。

在現存的文獻資料中，古人試圖以哲學思辨或者主觀體驗的方式對茶道進行闡明，如《茶經》、《大觀茶論》、《煮茶夢記》等。從這些文獻來看，「茶道」一詞未被提及，只在一些詩詞中偶有提及。這與中國人對於「道」的解讀和重視程度有關。其中，有指代關於茶的採摘烹製和保存方法的，也有指代品茶修道悟道的，雖然角度各有側重，但茶道的精神如同氣脈和骨鯁一般，或直接或間接地體現在文獻裏。在現當代的研究成果中，從哲學美學角度對茶飲藝術進行研究的著作幾乎都談到了「茶道」。由於各人的體會和理解不同，對「茶道」的闡明和界定也有所不同，但大體都認可是在中國傳統文化中儒、道、禪三家思想的影響下產生的。從這些研究來看，學界對於茶道的研究與認識具有各家爭鳴的態勢，茶道究竟如何界定、茶藝與茶道是何關係，中國傳統文化對茶道中蘊含的審美理論產生影響的根源是什麼，這些問題都有待進一步深入研究和探尋。它們對於理解茶道自身，理解中國古代茶飲藝術的審美乃至中國傳統文化的精粹都具有積極的意義。

本文將首先辨析和界定茶道這一基本概念的內涵，在閱讀和梳理資料的過程中，不同於以年代分期、品飲方式等研究方法，而是以中國茶道發展過程中所形成的主要思想和現象爲線索，探析它們與中國美學主要相關理論和範疇之間的關聯，並使問題討論的焦點更爲集中，力圖使我國源遠流長的茶道中所蘊含的美學精神得以彰顯。

第一章 「茶道」的義涵

　　中國是茶道的發源地，是茶的故鄉。「茶之爲飲，發乎神農氏，聞於魯周公，齊有晏嬰，漢有揚雄、司馬相如，吳有韋曜，晉有劉琨、張載、遠祖納、謝安、左思之徒，皆飲焉。滂時浸俗，盛於國朝，兩都並荊俞間，以爲比屋之飲。」〔註1〕神農時代是中華民族發展史的遠古時期，由此推知茶葉的發現與應用距今已有 4500 多年的歷史了。兩漢時，茶從巴蜀傳至長江中游，三國時傳到長江下游。到了兩晉南北朝時期，茶逐漸成爲由王公貴族到文人墨客，乃至平常人家的飲品和待客之物。歲月悠悠，承載著中國傳統文化精神的茶，也由治病養身的湯藥、飲品，上升到了靜定思悟，和諧友愛的佳品。世界上最古老最完備的茶文化專著是茶聖陸羽所著的《茶經》。陸羽在《茶經》中不僅對茶之源、具、造、器、煮、飲、事、出、略、圖等進行了簡潔精闢的描述，還明確提出「精行儉德」的茶人品行，以及由此延展開去的中國茶道的基本精神。「茶道」能否作爲一個完整的基本概念存在，是中國茶道與美學的研究基礎，然後才能論述其他。因此，分析和界定茶道的本義是本文立論的第一步。本章將對「茶」、「道」分別進行考察，然後找出兩者的聯結點，來明確「茶道」的義涵。

〔註 1〕 〔唐〕陸羽著、沈冬梅編著：《茶經》，北京：中華書局，2010 年版，第 93 頁。本文《茶經》中原文均引自此書。

第一節 「茶」的回溯

陸羽在《茶經》中記載:「茶者,南方之嘉木也。一尺、二尺乃至數十尺;其巴山峽川有兩人合抱者,伐而掇之。其樹如瓜蘆,葉如梔子,花如白薔薇,實如栟櫚,蒂如丁香,根如胡桃」,茶本是一種樹木的名稱,樹高一尺、二尺甚至數十尺,原產自我國南方的巴山峽川一帶,有兩人合抱的大茶樹,要將樹的枝條砍下來才能採摘茶葉。茶樹的樹形象瓜蘆木,葉子像梔子葉,花像白色的薔薇花,種子像棕櫚子,蒂像丁香的蒂,根像胡桃樹的根。據知,我國是世界上最早發現並利用茶樹的國家。早在遠古時代,就有「神農嘗百草,一日而遇七十毒,得茶以解之」〔註2〕的記載。但神農氏被疑為神話傳說,關於茶最早的確切記述,見於晉人常璩《華陽國志・巴志》:「周武王伐紂,實得巴蜀之師,著乎尚書……丹、漆、茶、蜜……皆納貢之……其果實之珍者,樹有荔支,蔓有辛蒟,園有芳蒻、香茗。」〔註3〕香茗即茶葉。上述記載說明2000 多年前的周初巴國境內已經有人工茶園培植的茶葉,並且作為貢品,非常珍重地獻給周王室,可知當時當地的茶葉生長已經達到一定的水準。唐代陸羽《茶經》中對茶的起源有專門的論述,接下來我們從字源學考證和目前的考古成果兩個方面來回溯和解析,從而對茶本身以及茶飲歷史的發展脈絡有一個相對直觀和客觀的認識。從人性論的角度來考察茶性與人性的關係,揭示人為什麼需要茶,以及茶對人何以具有如此影響。

茶成為飲料,在秦漢時初見端倪。清・顧炎武《日知錄》中有「自秦人取蜀後,始有茗飲之事」〔註4〕的著名推論為學術界所普遍接受。西漢王褒於漢宣帝劉詢神爵三年(公元前59 年)寫有《僮約》一文,其中規定僮僕所必須做的事情,即有在舍中來客時要「烹茶盡具」、「武都買茶」。這裡,「荼」即茶。此文表明,在西漢時期,在茶的原產區域內的巴蜀地區已有以烹煮茶飲待客的風尚,並有專門的茶市;三國吳時有吳主孫皓「密賜(韋曜)茶荈以代酒」的記載。茶飲成為待客時不勝酒力者的代用飲料;晉時陸納、桓溫也以茶果待客,而不備盛饌珍饈,以示「儉行」。

〔註2〕〔清〕陳元龍:《格致鏡原》卷二十二,影印文淵閣四庫全書,第 1031 冊,上海:上海古籍出版社,1987 年,第 284 頁。

〔註3〕〔晉〕常璩撰、任乃強校注:《華陽國志校補圖注》,上海:上海古籍出版社,1987 年,第 4 至 5 頁。

〔註4〕〔清〕顧炎武《日知錄》卷 7《茶》,上海:上海古籍出版社 1985 出版,第590 頁。

一、「茶」的字源考證

根據現有的文獻記載，中唐之前人們並非用「茶」字來指稱「茶」。《方言》中講茶稱爲「蔎」，《晏子春秋》中稱「茗」，《凡將篇》中稱「荈」，而《尚書・顧命篇》稱「詫」，其中以「荼」字來指稱茶最爲常見。《說文解字》中亦無茶字，而只有「荼」字，其小篆字形爲：🔣。「荼：苦荼也。從艸餘聲。同都切，臣鉉曰此即今之茶字」〔註5〕。《爾雅・釋草》上記載：「荼，苦菜」，認爲荼是一種苦菜。《疏》曰：「一名荼草，一名選，一名遊冬。葉似苦苣而細，斷之白汁，花黃似菊」。晉代的郭璞作注道：「晚採者爲茗，一爲荈」，陸羽在《茶經》中認爲「其字，或從草，或從木，或草木並」，茶字從字形和部首上看，或者從屬於草部，或者從屬於木部，或者草木合一。屬草部的寫作茶，收錄在《開元文字音義》中；屬木部的寫作木荼，收錄在《本草》中；並屬草、木兩部寫作「荼」，收錄在《爾雅》中。

在中國茶學史上，提到有關茶名的最早文字記載，目前被認爲出自《詩經》。在《詩・邶風・谷風》中有：「誰謂荼苦，其甘如薺」。《詩・豳風・七月》中的「采荼薪樗」。《詩・鄭風・出其東門》中的「有女如荼」。但荼是否爲茶，至今仍有爭議。而《神農本草經》上有「苦菜……一名荼苦（草）」，其注釋爲「味苦寒，久服……聰察少臥……生山谷」。因此陶弘景在整理《神農本草經》時，認爲茶就是苦菜。而唐代的藥學家蘇敬等編寫的《新修本草・卷十八》否定了陶弘景的說法，認爲「《桐君藥錄》云：『苦菜葉三月生扶疏，六月華從葉出，莖直花黃，八月實黑；實落根複生，冬不枯。』今茗極似此。陶謂之茗，茗乃木類，殊非菜流。茗，春採爲苦。」唐代的顏師古在《匡謬正俗・苦菜篇》中說：「陶公雖知俗呼苦蕒爲苦菜，而不識其苦菜之形。以其一名荼，乃將作茗。巧說滋蔓，秖增煩惑，且本草說其主療疾病，功力甚多，茗草豈有此效乎？」認爲茶並非苦菜，陶弘景的說法不能成立。

由於荼字的涵義與詞性多而易混淆，唐玄宗在《開元文字音義》將「荼」字減去一筆，特別指稱作爲人們飲用之物的「茶」。《康熙字典》云：「世謂古之荼，即今之茶，不知荼有數種，惟荼櫃之荼，即今之茶葉」。可見，茶的音、形、義在中唐以後才趨於統一。總上所述，茶之始初含義爲「苦菜」，它實際是我國先民很早就發現的一種藥用植物，味極苦。其後又從此種藥用植物中發現有一

〔註5〕〔漢〕許愼撰：《說文解字》卷二上，清文淵閣四庫全書本。

種味稍苦而香甜，可用水沖開作飲料，這就是茶。直至現在茶仍有健身之藥物作用，但它又已是飲料而非單純的藥物了。「茗」則不過是「茶」的別稱。至於見於《詩經》的「有女如荼」的「荼」，指的是茅、蘆之類的白花，用以形容美女如雲，與作爲「苦荼」的「荼」和後世所說之「茶」均無關。

二、與茶相關的考古成果

　　中國是最早發現和利用茶樹的國家，被稱爲茶的祖國。文字記載表明，我們祖先在 3000 多年前已經開始栽培和利用茶樹。陸羽的《茶經》云：「茶者，發乎神農氏，起於魯周公」〔註6〕，「茶者，南方之嘉木也，一尺二尺，乃至數十尺。其巴山峽川有兩人合抱者，伐而掇之，其樹如瓜蘆，葉如梔子，花如白薔薇，實如栟櫚，蒂如丁香，根如胡桃。」〔註7〕巴山峽川所指的是現今的重慶東部和湖北西部地區。人類製茶、飲茶的最早記錄在中國，最早的茶葉成品實物也在中國。在浙江餘姚田螺山遺址就出土了 6000 多年前的古茶樹，現在中國的野生大茶樹集中在雲南等地，其中也包含甘肅、湖南、湖北的一些地區。東晉的常璩在《華陽國志·巴志》記載：「周武王伐紂，實得巴蜀之師，茶蜜皆納貢之。」這一記載表明在周朝的武王伐紂時，巴國就已經以茶與其他珍貴產品納貢與周武王了。《爾雅》中提到有野生大茶樹，且現今的資料表明，全國有 10 個省區 198 處發現野生大茶樹，其中雲南的一株，樹齡已達 1700 年左右，僅是雲南省內樹幹直徑在一米以上的就有 10 多株。有的地區，甚至野生茶樹群落大至數千畝。此外，又經考證，印度發現的野生茶樹與從中國引入印度的茶樹同屬中國茶樹之變種。由此，中國是茶樹的原產地遂成定論。

　　1987 年 4 月 3 日在陝西法門寺發現唐代地宮，在地宮後室的壇場中心出土的有唐僖宗用以供奉佛祖的系列金銀、玻璃茶具。地宮出土的咸通十五年（874）《物帳碑》碑文中記載「懿宗供奉：『火筋一對』，僖宗供奉：「籠子一枚，重十六兩半。龜一枚，重二十兩。鹽臺一付，重十二兩。結條籠子一枚，重八兩三分。茶槽子、碾子、茶羅、匙子一付，七事共重八十兩」。「七事」對照實物當爲茶碾子、茶碢軸、羅身、抽斗、茶羅子蓋、銀則、長柄勺等。從茶羅子、茶碾子、碢軸的鏨文看，這些器物製作時間是咸通九年至咸通二

〔註6〕《茶經》。
〔註7〕《茶經》。

十年。而鎏金飛鴻紋銀則、長柄勺、茶羅子等器物上刻畫有「五哥」字樣，僖宗是懿宗第五子，《物帳碑》也將其作為「新恩賜物」列在「僖宗供物」名下。由此可見，這些茶具是僖宗皇帝的御用茶具，為研究茶文化提供了珍貴的實物資料，打破了日本茶文化起源說，是目前世界上發現的年代最早、等級最高、配套最完整的宮廷茶具。

第二節　「道」與「美」的解析

　　道，在中國傳統文化中有著重要而特殊的意義和地位，而影響中國文化至深的道儒禪三家對於道有著各自的理解。而基於對道的不同理解，又產生了人們對於美的不同看法。

一、「道」與「美」的字源考證

　　《說文解字》：「道，所行道也。」〔註8〕從道的金文字形結構看，首在之上，之為辵，之（辵）指行路。首是人之頭，可代指人或人群之首領。因此，道可以理解為人們所行的道路，或人行走於道路上。而《辭源》中，「道」字有「路」、「理」、「術」、「通」、「順」、「言」、「導」、「從」〔註9〕等義。《爾雅·釋宮》則曰「一達謂之道路」，所謂「一達」是指有一定的方向，認為「道」是通達至目的地的道路。如《詩經·小雅》所言「周道如砥」，《前漢·董仲舒傳》中所說的「道者所由適於治之路也」，都是指稱道路。無論是本意和引申義都旨在說明：道是通達至某處的途徑。而《廣韻》所說的「理也，眾妙皆道也，合三才萬物共由者也」，是將道理解為宇宙萬物的所共有的規律和法則。又如《易·繫辭》所言的「一陰一陽之謂道」，認為事物皆有陰陽兩面，相反相成而不可偏廢，這是構成事物的本性及其運動的法則，天地萬物都無一例外地遵循並表現此道。道，後來又有引、導之義。如《論語》中的「道千乘之國」，《史記·文帝紀》中的「道民之略，在於務本」，以及《左傳·隱公五年》中的「請君釋憾於宋，敝邑為道」，都是此意。可見，道的意義概指通達之路徑、導引之路數和普遍存在之規律及法則。從現代的哲學來看，中

〔註8〕〔漢〕許慎撰，〔清〕段玉裁注：《說文解字注》，杭州：浙江古籍出版社，2006年版，第75頁。
〔註9〕《辭源正續編合訂本》，北京：商務印書館，1947年版，第1471頁。

國古代所說的「道」，就是人類為了達到自己的目的必須時時遵循的最普遍的法則規律。不脫離人類生存發展的目的去講宇宙的法則規律，是中國古代哲學的一大優點。

美字的甲骨文字形是：𦫼，《說文解字》中記載：「美，甘也。從羊從大。羊在六畜主給膳也。美與善同意。無鄙切注臣鉉等曰：羊大則美，故從大。」可見美是個會意字，且首先是與味覺相聯繫的，古人將肥壯的羊吃起來有滋味稱為美。在《管子·五行》中有「然後天地之美生」，舊注認為：「謂甘露醴泉之類也」。明代的劉基在《誠意伯劉文成公文集》中說「食必珍美」。這些都是在談論味覺所指的快感。《廣韻》認為美是好色，即具有美好的容色。例如《詩·邶風》中的「匪女之為美」。而《正韻》認為美為「嘉也，好也」。《劉向·九歎》中寫道：「揚精華以炫耀兮，芬鬱渥而成美。結桂樹之旖旎兮，紉荃蕙與辛夷」，就是在形容美好之意。綜合看來，美的本意是味覺的快感，而後引申為一種與感官密切聯繫的舒心之感。中國人對世界的審美感覺最初起於味覺，這對中國古代美學的發展產生了多方面的深刻影響。有一種說法是否定《說文解字》釋美字「從羊從大」，認為是「從羊從人」，這是不對的。因為在甲骨文中，「大」字與「人」字的寫法是明顯不同的，金文、大小篆的寫法同樣如此，更不必說隸書的寫法了。

二、道儒禪對「道」與「美」的理解

道家之道主要是指自然之道，儒家之道主要是指倫理之道，而禪宗之道主要是指心性之道。由於道儒禪三家對道的理解不同，相應地對美的見解也各異。通過分析可知，美對於道儒禪三家已不限於感官快適，也非僅由形式之美所引起的快適，而是各自得道之後所產生的一種心靈上的審美愉悅。得「道」的境界實際上就是美的境界，同時也就是人所追求實現的理想的人生境界。道家對於單純的人為之美以及一般人所理解的僅以獲得感官快適為最高目的的聲色味之美是持否定看法的，但道家又決不是美的否定者，相反，道家對「道」的實現的描述本身就已顯示出深刻的美學意味。把美的境界和人生境界的最高實現密切聯繫起來，不在人生境界之外去追求美的境界，而且這人生境界的實現又與人生存於其中的「天地」即大自然不能分離，這是中國古代美學的一大特點和優點。

（一）道家對「道」與「美」的理解

道家賦予「道」以本體地位，其目的不僅在於爲宇宙的生成提供本體論的闡釋，更是爲了提升現實生活中人的存在，以使人的存在通達於宇宙境界。宇宙本體論和人生境界論的統一，是道家哲學美學的鮮明特徵。

1、老子的「道」與「美」

老子確立了道是宇宙的本體，是天地萬物生成與發展的本源與推動力。《老子》開篇即說明此意：「道可道，非常道；名可名，非常名。無，名天地之始；有，名萬物之母。故常無，欲以觀其妙；常有，欲以觀其徼。此兩者同出而異名，同謂之玄，玄之又玄，眾妙之門。」〔註 10〕「無」與「有」均出自於「道」，「無」是用以標名「天地之始」的，老子又廣設種種譬喻，以說明「無」是不能用感受去加以把握的。與「無」相對的「有」，是用以標名「萬物之母」的，但又不等於實存的可感知的「有」。因爲「無」與「有」都包含在無形無象，不可感知名言的「道」之中，是「道」所具有的兩種既相區別又不可分的基本的屬性功能，由於「無」與「有」的相互聯繫與相互作用，天地萬物才得以產生形成。也因此，由「無」可以觀天地萬物之「妙」，由「有」可觀萬物之「徼」。何謂「徼」？舊注有各種不同的解釋。本文認爲，「徼」與「妙」字雖不同，含義相通，「徼」亦爲「妙」，「妙」亦可稱「徼」，所以在當代文獻中我們看到「徼」、「妙」可連爲一詞使用。老子爲了避免修辭上用字的重複，故上文說由「無」可以觀與「無」相聯的「天地」之「妙」，下文則說由「有」可以觀和「有」相聯的「萬物」之「徼」，實際也是萬物之「妙」。故接下去又說包含「無」與「有」在內的「道」是「眾妙之門」。

老子在對「道」加以描述時說：「有物混成，先天地生。寂兮寥兮，獨立不改，周行而不殆，可以爲天下母。吾不知其名，強字之曰道，強爲之名曰大。大曰逝，逝曰遠，遠曰反。故道大、天大、地大、人亦大。域中有大，而人居其一焉。人法地，地法天，天法道，道法自然。」〔註 11〕這裡所說的「自然」之意是自然而然，即認爲天地的運行是按不以人們主觀意志爲轉移的自然而然的規律運動變化的，人只有按照這種規律去行動才能達到自己的目的，取得成功。這也就是老子所說的「自然無爲」，「無爲

〔註 10〕《老子》第一章，據陳鼓應著《老子注釋及評介》，北京：中華書局，2009
　　　　年版，附錄三老子校定文，下均如此。
〔註 11〕《老子》第二十五章。

而無不爲」。符合這個「道」，人就能達到一種事事順意，快樂無憂的境界，也就是老子所說的美的人生境界。老子認爲，凡是符合遵循自然無爲之「道」的事物就是美的。他又說過「天得一以清，地得一以寧，神得一以靈，谷得一以盈，萬物得一以生，侯王得一以爲天下貞。」〔註12〕這裡所說的「清」、「寧」、「盈」、「生」、「貞」實際都與美相關。反之，違背無爲之道刻意去追求感官欲望的滿足都是不美的，並且是有害於生命，所以老子又說：「五色令人目盲，五音令人耳聾，五味令人口爽，馳騁畋獵，令人心發狂，難得之貨令人行妨。是以聖人爲腹不爲目，故去彼取此。」〔註13〕此外，老子認爲美與醜是相對而存在的，「唯之與阿，相去幾何？美之與惡，相去若何？」〔註14〕這是針對一般世俗所言違背道的自然無爲的「美」而言，即認爲這種美其實並非眞正的「美」，但同時也包含有美醜可以相互轉化的意思。但不論如何，一切眞正的美都是自然無爲之道的表現。從我們今天來看，老子已意識到了美是合目的的與合規律的高度統一的表現，也就是人的自由的表現。在西方，這一思想直到18世紀才由康德在《判斷力批判》一書中提出，並予以系統的論證。

2、莊子的「道」與「美」

繼老子之後，道家學派的傳承者莊子，更爲集中清晰地發揮高揚了老子所說的美，緊緊地把它與個體人生的解脫與自由聯繫起來了。他說：「夫道，有情有信，無爲無形，可傳而不可受，可得而不可見；自本自根，未有天地，自古以固存；神鬼神帝，生天生地；在太極之先而不爲高，在六極之下而不爲深，先天地生而不爲久，長於上古而不爲老。」〔註15〕莊子認爲，人只要遵循自然無爲之道，拋棄一切與自然無爲相違背的功利欲望的追求，就能得天地之「大美」。莊子反覆強調「樸素而天下莫能與之爭美」，「澹然無極而眾美歸之」。這裡所說的「樸素」、「澹然無極」，是指超越一切對外在功利欲望的追求，純任自然無爲，來達到「眾美」。莊子在老子的基礎上第一次明確指出審美具有超功利性，這具有十分重要的意義。

〔註12〕《老子》第三十九章。

〔註13〕《老子》第十二章。

〔註14〕《老子》第二十章。

〔註15〕《莊子・大宗師》，陳鼓應注譯：《莊子今注今譯》，北京：商務印書館，2007年版，第213頁。本文《莊子》原文皆引自此書。

莊子所言天地大道之美是超越外物役使的絕對自由，超越功利的自然無為。莊子極力主張「聖人法天貴眞」，「眞者，精誠之至也，不精不誠，不能動人。故強哭者，雖悲不哀，強怒者，雖嚴不威，強親者，雖笑不和，眞在內者，神動於外，是所以貴眞者」〔註16〕。這些都是在強調只有與自然無為的「道」合為一體的美，才是最能感動人心的美。

莊子說過「天地有大美而不言，四時有明法而不議，萬物有成理而不說。聖人者，原天地之美而達萬物之理，是故至人無為，大聖不作，觀於天地之謂也」〔註17〕。天地自然就是大美和全美，四時和諧，萬物運轉，一切都是默然進行的，聖人效法和學習天地之大美，因而通達萬物本性。「法天貴眞」與「崇尚自然」是莊子哲學思想的核心義理和審美追求。他認為人要效法自然，一切活動都應該順應自然之性，反對雕琢與斧鑿及一切人為造作。「牛馬四足，是謂天；落馬首，穿牛鼻，是謂人。故曰，無以人滅天，無以故滅命，謹守勿失，是謂反其眞」〔註18〕。《莊子・應帝王》中有一則寓言：「南海之帝為儵，北海之帝為忽，中央之帝為渾沌。儵與忽時相與遇於渾沌之地，渾沌待之甚善。儵與忽謀報渾沌之德，曰：『人皆有七竅，以視聽食息，此獨無有，嘗試鑿之』。日鑿一竅，七日而渾沌死」。渾沌之死是死於人不歸其「眞」，死於人逆自然而強為，不順應自然的斧鑿和雕琢。

在這裡，莊子將老子「道法自然」的觀點闡釋和推延開去，成為後世道家思想擁護者們在審美思想中崇尚自然，從自然無為中去求美，反對一切破壞自然無為的做法。即使是和人工相聯的美，莊子認為也須看不出人工雕鑿的痕跡，猶如自然天成那樣，才是眞正符合理想的美。就「道」的審美特性而言，美是「道」的自然無為的充分體現，是超越一切功利的絕對自由的境界。道家也不否定「味」的美，老子說過「為無為，事無事，味無味。」〔註19〕所謂「無味」之味，就是超出了口腹之欲，體現了道家所說自然無為之道的美。

（二）儒家對「道」與「美」的理解

從先秦儒家的相關文獻來看，儒家所理解的「道」是指君臣父子的政治倫理道德綱常，是一種政治倫理之道。儒家在此基礎上生發的審美觀也是以

〔註16〕《莊子・漁父》。
〔註17〕《莊子・知北遊》。
〔註18〕《莊子・秋水》。
〔註19〕《老子》六十三章。

維護政治倫理之道為根本的，孔孟荀三人對美的判斷也主要與仁義道德緊密
聯繫。

1、孔子的「道」與「美」

孔子所說「以道事君」﹝註20﹞、「士志於道」﹝註21﹞、「君子憂道不憂貧」
﹝註22﹞等等，都是為了踐行孔子所說以「愛人」為本的「仁」道，進而推及
於社會國家的治理，實現儒家的「仁政」理想。「仁」在孔子看來不僅是一
種人倫之愛，更是一種普遍的對人與外物發自內心的關懷，而「仁」的完滿
實現就是美，所以孔子說「里仁為美」﹝註23﹞，「仁」的最高境界即是美的
境界。

在孔子看來，「善」是決定美與不美的核心，但他對於形式方面的美也
未持否定態度。他認為「美」是形式方面的特質，而「善」則是內容方面的
要素。「善」與「美」如果能形成高度的統一，內容與形式就得到了完美結
合，這樣才是最為美好的。而「善」與「美」、「文」與「質」這兩對概念的
圓融統一，都體現出了孔子的對於「仁」的理解。「質勝文則野，文勝質則
史；文質彬彬，然後君子。」﹝註24﹞「文質彬彬」指的是人的內在道德品質
與外在氣質容貌兩者恰到好處的結合，是對君子賢人的贊美。而從審美的角
度來說，是對象的內在實質與外在形式的完美統一，也就是善與美相統一的
理想狀態。

縱觀孔子的表述，「禮」、「樂」、「遊」都與孔子成就人生、完善人格實行
仁政的努力相關。「興於詩」是指詩這種獨特的藝術樣式能夠引發人的道德
感，激勵人們對人生、事業、歷史、社會的責任感，勾起人們對美的嚮往。「成
於樂」則是用音樂內在的道德力量漬浸人的靈魂，達到維護寬容和諧的人際
關係──「仁」的精神實質的目的。至於「立於禮」、「游於藝」、「志於道」、
「據於德」都是孔子成就人生、完善人格的手段，是孔子「仁」學思想的必
然。在孔子看來，對「仁」的領會遍佈於人的整個生命歷程，而美感體現在
文學與藝術的領域中，就是這種仁愛或者說善的力量蘊含其間，所以才有「子

﹝註20﹞《論語‧先進》。
﹝註21﹞《論語‧里仁》。
﹝註22﹞《論語‧衛靈公》。
﹝註23﹞《論語‧里仁》。
﹝註24﹞《論語‧雍也》。

謂《韶》盡美矣，又盡善矣。謂《武》盡美矣，未盡善也」。〔註25〕

因此，君子應「志於道，據於德，依於仁，游於藝」，治國要「興於詩，立於禮，成於樂」。在孔子「吾與點也」的對話和對顏回「不改其樂」的人生境界的誇獎中，孔子主張美是通過行「仁」而達到的一種人與我、人與自然和諧無間的、歡樂的人生境界，並將精神層面的愉悅與口腹之欲的滿足進行對比，顯示出美的獨特價值。例如，「子在齊聞《韶》，三月不知肉味。曰：『不圖爲樂之至於斯也。』」〔註26〕

2、孟子的「道」與「美」

孟子繼承和發展了孔子的政治倫理之道的思想，並將其德治思想發展爲仁政學說，成爲其政治思想的核心。孟子的政治論，是以仁政爲內容的王道，並充分論述了儒家的民本主義思想。孟子對於道的看法基本秉承孔子的學說，有「樂其道而忘人之勢」〔註27〕，「彼以其爵，我以吾義」〔註28〕，「士窮不失義，達不離道」〔註29〕的看法。主要是從外王與內聖兩個層面來繼承與發揚孔子的觀點，不僅強調了儒家的民本與博愛思想，而且凸顯了一種「上下與天地同流」的人格精神。

孟子從道德精神的修養來看待和評判美，將道德上的崇高與偉大視爲最高的美。他明確將人格精神、道德之善與審美愉悅相聯繫，認爲「口之於味也，有同耆焉；耳之於聲也，有同聽焉；目之於色也，有同美焉。至於心，獨無所同然乎？心之所同然者何也？謂理也，義也。聖人先得我心之所同然耳。故理義之悅我心，猶芻豢之悅我口。」〔註30〕在他看來，人與人之間有著共同的本性，即使是聖人也一樣，這就是人們美感有著共通性的根本所在。特別是對於「味」的感知，正是基於人們具有相同的感官，孟子由此對審美的客觀標準和美的普遍性以及絕對性進行了肯定。

在對於人性的看法上，孟子主張人生而皆有「善端」。所謂「惻隱之心，仁之端也；羞惡之心，義之端也；辭讓之心，禮之端也；是非之心，智之端也」

〔註25〕 《論語‧述而》。
〔註26〕 《論語‧述而》。
〔註27〕 《孟子‧盡心上》。
〔註28〕 《孟子‧公孫丑下》。
〔註29〕 《孟子‧盡心上》。
〔註30〕 《孟子‧告子上》。

〔註31〕。「端」者，人之初也。他認爲人生之始，原本就是善的，「人皆有不忍人之心」。而「不忍人之心」包含四個方面，即「惻隱、羞惡、辭讓、是非」之心，簡稱爲「四心」。它們是「仁義禮智」這四種道德範疇的發端，稱之爲「四端」。這「四端」就像初燃的火源或剛流出的泉水一樣，還需要「擴而充之」才能夠得以發揚。「擴而充之」也就是後天加以磨練培養，否則就會熄滅或枯竭。善良的種子是與生俱來的，只需要保有並使之茁壯成長即可。孟子提出：

> 所以謂人皆有不忍之心者，今人乍見孺子將入於井，皆有怵惕
> 惻隱之心，非所以內交於孺子父母也，非所以要譽於鄉黨朋友也，
> 非惡其聲而然也。由是觀之，無惻隱之心，非人也。〔註32〕

孟子認爲無論是誰，只要見到有小孩落井，生命正在遭遇危險，都會去救助他。這不是因爲與這孩子的父母交好，也不是爲了得到鄉黨朋友的讚譽，或因聽到危急的哀號感到不快，而是完全出於人本有的惻隱之心。如果沒有這種惻隱之心，那就不能稱之爲人。

在孟子看來，人生下來如果沒有「善端」，那麼無論後天怎樣花大力氣去教育、培養，都是勞而無功的。正因爲人性是「善」的，因而才可能通過後天的培養教育把這種「善端」啓發開拓出來，也才可能把後天社會環境污染而生的惡的習性經過教化而變爲善的。在此基礎上，孟子主張「可欲之謂善，有諸己之謂信，充實之謂美。」〔註33〕認爲美好的人必須具有仁義道德的內在品質，並表現充盈於外在形式。所謂「充實」，指的是人們通過自覺的努力，將其固有的善良之本性「擴而充之」，使之貫注滿盈於身心之中。「充實」之所以能成爲美的，在於它能使人的外在形體「生色」，給人以美感。可見，孟子將美看作是個體人格中充分實現了的善。

3、荀子的「道」與「美」

荀子主張性惡論，認爲追求感官快適是人普遍具有的本能，「夫人之情，目欲綦色，耳欲綦聲，口欲綦味，鼻欲綦臭，心欲綦佚，此五綦者，人情之所必不免也。」〔註34〕另一方面，荀子又認爲人的本性雖然是惡的，但完全能夠通過後天的學習修養轉而爲善。因此，荀子雖然認爲求取歡樂是人人皆

〔註31〕 《孟子‧公孫丑上》。
〔註32〕 《孟子‧公孫丑上》。
〔註33〕 《孟子‧盡心下》。
〔註34〕 《荀子‧王霸》。

有的不能去除的自然本性，但同時又指出「君子樂得其道，小人樂得其欲」〔註35〕，「樂者，所以道樂也」，主張「樂」不能脫離仁義之道，提出「無偽則性不能自美」，強調感染與教化對於人的本性的作用。「人生而有欲，欲而不得，則不能無求，求而無度量分界，則不能不爭。爭則亂，亂則窮。先王惡其亂也，故制禮義以分之，以養人之欲，給人之求，使欲必不窮乎物，物必不屈於欲，兩者相持而長，是禮之所起也。」〔註36〕強調藝術對情感欲望具有引導規範之力，使之符合社會倫理之道。在荀子看來，人的本性是惡的，既要承認欲望的存在，又不能放任自流。因此，為了抑制和消除這種惡的本性，禮義是人人都必須嚴格遵循的社會律令。

可以看到，荀子談人格美的修養方式時，認為至善至美的人格的養成，並非自然而然形成的，而是艱苦磨礪的結果。他認為：

> 君子知夫不全不粹之不足以為美也，故誦數以貫之，思索以通之，為其人以處之，除其害者以持養之。使目非是無欲見也，使口非是無欲言也，使心非是無欲慮也。及至其致好之也，目好之五色，耳好之五聲，口好之五味，心利之有天下。是故權利不能傾也，群眾不能移也，天下不能蕩也。生乎由是，死乎由是，夫是之謂德操。德操然後能定，能定然後能應。能定能應，夫是之謂成人。天見其明，地見其光，君子貴其全也。〔註37〕

荀子主張學得不全不精就不能算是完美，所以要誦讀群書以求融會貫通，用思考和探索去深刻理解，傚仿良師益友進行實踐，消除錯誤習慣的影響，力求使眼睛之所看，耳朵之所聽，口之所言，心之所慮，無不符合於德，反之則不看、不聽、不言、不思。到了最後，人之履行德操就會像眼好五色，耳好五聲，嘴好五味那樣，心裏擁有天下那樣，成為一種自然而然的要求。如果達到這種境界，那麼在權利私欲面前就不會有邪念，面對人多勢眾的局面也不會屈服，天下萬物都不能使之動有所動搖。活著是如此，到死也不變，這樣就叫做有德操。有德操才能做到堅定不移，堅定不移然後才能隨機應對。如果能做到堅定不移和隨機應對，那就具有了完善的人格。可以和天的光明，地的寬廣相比擬。由此可見，荀子對於人格完善的態度非常明確和嚴格，他

〔註35〕《荀子‧樂論》。
〔註36〕《荀子‧禮論》。
〔註37〕《荀子‧勸學》。

認爲只有這樣，人的本性中惡的根源才能被去除，使人格趨於完善，具有一種全粹之美，即荀子理想中的最高的美。

（三）禪宗對「道」與「美」的理解

禪宗對於道的理解是「性即是心，心既是佛，佛即是道，道即是禪」。禪宗，又稱宗門，原出於印度佛教的菩提達摩。至我國中唐，六祖慧能創立禪宗，成爲充分中國化的，並產生了重大影響的佛學宗派。禪宗的核心思想爲「不立文字，教外別傳；直指人心，見性成佛」。慧能的《壇經》認爲「自性本清淨」、「自性本不生滅」、「自性本自具足」，「自性本無動搖，能生萬法」。每個修行的人只要通過直覺領悟到人世間的一切都出自人的「自性」，而「自性」本身又是圓滿自足的，這樣就可以達到一種超脫人世一切煩惱，來去自由的成「佛」境界。這顯然與印度佛教所認爲的超生「淨土」和基督教的「原罪」說很不相同。因此，禪宗認爲「心外無法」、「心外無佛」，每個人的心性即佛心，所以成佛只在自悟本性。而自悟本性，在慧能看來又絕非斷絕對人世的一切思念，只是要「於念而無念」，並且認爲「法元在世間，於世出世間，勿離世間上，外求出世間」。這就使禪宗承接了道、儒兩家珍視人的生命的傳統，不以毀棄人的生命作爲成「佛」的代價。

相應的，「頓悟見性」是「禪宗」的中心內容，「無念爲宗，無相爲體，無住爲本」是「禪宗」的修行原則。頓悟之後所得到的，對人生來去自由的境界的體驗便是美。「禪宗號稱以般若智建立『教外別傳』的上上一著，宣稱『不立文字，以心傳心』，它的特徵，是不訴諸知解的思辨，不訴諸盲目的信仰，不去雄辯地論證色空有無，不強調枯坐冥思，不宣揚長修苦煉，而就在與生活本身保持直接的聯繫中當下即得，在四處皆有的現實境遇中悟道成佛。禪宗認爲修禪者在日常生活的普遍的感性體驗中便可以超越，可以妙悟，可以達到永恆不滅的佛性。這與佛教其他教派所講的『悟』是有極大不同的。」〔註38〕「悟」作爲禪宗美學中的審美方式，早在「拈花微笑」這一極富詩性美的文字中顯現而出。

> 世尊在靈山會上，拈花示眾。是時眾皆默然，唯迦葉尊者破顏微笑。世尊曰：「吾有正法眼藏，涅槃妙心，實相無相，微妙法門，

〔註38〕皮朝綱、劉方著：《悟——禪宗美學方法論的核心範疇》，《西南民族學院學報》哲學社會科學版，1997年6月。

不立文字，教外別傳，付囑摩訶迦葉。」〔註39〕

世尊拈花，迦葉微笑，佛法的眞諦就在這拈花微笑之中以心傳心了。這便是慧能所主張的「道由心悟」，也是審美最根本的途徑——「悟」。而「禪修行的目的，在於獲得觀察事物的新見解……禪稱這種新見解的獲得爲『悟』，在此之外無禪，因爲禪的生活是從這種『悟』開始的，悟，可以定義爲與知或邏輯的理解相對的直覺的洞察。定義怎樣是次要的，悟意味著打開因二元思維的混亂迄今未曾認識的新的世界。」〔註40〕同時，「悟」或「開悟」的過程，也是人見出美的本質的過程。對於禪者來說，美的本質在於眞如、自性，美也源於眞如、自性。

南朝著名的山水詩人謝靈運在《從斤竹澗越嶺溪行》一詩中這樣表達他對自然美景的欣賞：「情用賞爲美，事昧竟誰辨，觀此遺物慮，一悟得所遣」。其中「一悟得所遣」中的「悟」道出了其審美的方式。謝靈運對佛法有一定的修習與體會，樂與當時的名僧交遊往來，並參與改編北本的《大般涅槃經》，著《辯宗論》來論述道生的「頓悟」之義。因此，作爲一個對「悟」有較深體驗的佛教徒，他自然而然地將禪宗之「悟」引入審美理論中來進行闡釋。在這首詩中，他將「美」與「悟」聯繫起來，用「悟」來表達欣賞自然美時的審美體驗方式，強調了「悟」在審美活動過程中所具有的重要作用，認爲審美欣賞的最佳境界是通過「悟」而獲得的。

以上我們略述了道、儒、禪三家所說的「道」與「美」。三家之說各有所長，也各有所短，相互補充，共同形成中國傳統美學的一個具有張力的結構。

第三節 「茶道」之本意

儒家通過茶來精行儉德，道家通過茶來自然逍遙，禪宗通過茶來明心見性。中國古代的「茶道」概念，不僅涵蓋了「飲茶之道」，還有「品茗悟道」這一重要方面。

首先，我們來看飲茶之道。人類對於感官上所體會到的愉悅相對來說是直接的，而精神層面的愉悅則是一個比較複雜的歷程。在中國古代，所謂的

〔註39〕 〔宋〕釋普濟《五燈會元・七佛・釋迦牟尼佛》卷一。
〔註40〕 〔日〕鈴木大拙著：《禪學入門》，上海：三聯書店，1988年版，第92至93頁。

「美」最初是從感官愉悅的角度提出來的。而飲茶之道，主要是指茶的採摘、製作以及品飲的方法。「道」在此處是作爲「方法，方式」解。如何鑒賞茶葉的形之美、茶器之美，茶的各種製作和品飲方法，茶湯之色香味的品評，飲茶環境的營造，以及茶藝、茶儀的演示等，皆屬此列。唐代開始，茶業在社會、文化、經濟等安定的局面中得到了空前發展，並形成了茶文化的輪廓。尤其進入中唐時期後，茶文化和與茶相關的文學活動大爲興盛。在陸羽、皎然等的影響下，茶在人們的生活中顯得越來越重要。陸羽所編纂的《茶經》，不僅考證了「茶」字的釋義，還系統全面地論述了有關器具、製茶、煮茶、飲茶等十個方面的內容，使人們對與茶相關的整個體系有了認識，飲茶之風也隨之大面積地傳播開去。封演的《封氏聞見記》中載有「楚人陸鴻漸爲茶論，說茶之功效，並煎茶炙茶之法，造具二十四事，以都統籠貯之。遠近傾慕，好事者家藏一副。有常伯熊者，又因鴻漸之論，廣潤色之，於是茶道大行。」如此可見，常伯熊根據陸羽的《茶經》進行了潤色發揮，掀起了一場史無前例、轟轟烈烈的飲茶風潮，從此茶道盛行。在這段歷史記載裏，「茶道」所指的便是「飲茶之道」。

到了明朝中期，茶人張源在其《茶錄》中列出「茶道」一條，說道：「造時精，藏時燥，泡時潔，精、燥、潔，茶道盡矣。」其中所言的「茶道」，包括造茶、藏茶、泡茶之道。晚明時期的文人、茶人陳繼儒在爲周慶叔的《茶別論》作序說：「國初已受知遇，……第蒸、採、烹、洗，悉與古法不同，而喃喃者猶持陸鴻漸之《經》、蔡君謨之《錄》而祖之，以爲茶道在是，當令慶叔失笑。」明代後期流行散茶瀹泡，湖州長興茶屬蒸青綠茶，因當地的環境易染沙塵，泡茶前必先洗茶，故謂其「蒸、採、烹、洗，悉與古法不同」。陸羽《茶經》倡煎茶，蔡襄《茶錄》倡點茶。陳繼儒生活的晚明時期泡茶流行，不但煎茶早已絕跡，點茶也已淘汰。他所說的「茶道」則包括「蒸、採、烹、洗」，爲「製茶、泡茶」之道。

煎茶也被稱爲煮茶、烹茶、點茶、瀹茶、泡茶、沏茶等，茶人首先要修習的便是煎茶技藝。其中的每一個步驟，包括汲水、備器、煎水、滌器、備茶、瀹茶、奉茶等都需要仔細認眞地進行。假之以時日，煎茶技藝自然能工夫純熟，心手相應，與「道」相合了。陸羽在《茶經・六之飲》中說：「嗚呼！天育萬物，皆有至妙，人之所工，但獵淺易……凡茶有九難：一曰造，二曰別，三曰器，四曰火，五曰水，六曰炙，七曰末，八曰煮，九曰飲。」在這

裡，陸羽將煎茶過程中九個需要認眞對待的步驟進行介紹，而茶道精神的體驗也是在茶事實踐過程中得到。《茶經》花費大量篇幅來介紹烹茶飲茶的器具，從風爐一直到都籃一一列舉，不僅是單純地敘述茶器的用途，更是通過器具的規劃，形成飲茶的儀式和氛圍，在精細的烹飲步驟中提升心靈的感悟，同時也爲飲茶之道即品賞鑒別設立了審美標準。

然而，品茗悟道才是茶人們所傾向的「茶道」注解。陸羽在《茶經》中並未提出「茶道」一詞，只說：「茶之爲用，味至寒，爲飲最宜。精行儉德之人，若熱渴、凝悶、腦疼、目澀、四肢煩、百節不舒，聊四五啜，與醍醐、甘露抗衡也」。可見，陸羽將茶的諸多益處，只對精行儉德之人說開去。「精行儉德之人」，是指修身與積德，提高覺悟，嚴謹生活之人。而茶性至寒，只要飲上幾口，便有著能解熱渴、凝悶、腦疼、目澀、四肢煩、百節不舒等益處，那甘美之味能與醍醐、甘露相媲。「醍醐」是指從牛乳中反覆提煉而得到的甘美之物，印度人不但視它爲「世間第一上味」，並且認爲它有較高的藥用價值。佛教常用「醍醐」比喻「無上法味」、「大涅槃」及「佛性」等。如此聖品，陸羽卻獨推「精行儉德之人」來品飲，可見他對茶人的定義有著自己的見解。自此後人在形容茶人的品質時，多用「精行儉德」來概述；而古時普遍流行的「比德說」也讓茶有了如是特性。可以說，《茶經》未言「茶道」一詞，但卻有內在的茶道精神貫穿通篇。

目前茶學界普遍認爲，「茶道」一詞首次完整地出現於中唐詩僧皎然的《飲茶歌誚崔石使君》一詩中。詩人不僅描繪了仙瓊蕊漿帶來的唇齒留香，更點出了主人公由飲茶之道漸進到修養身心、體悟得道的過程。他在詩中寫道：

> 越人遺我剡溪茗，採得金芽爨金鼎。素瓷雪色縹沫香，何似諸仙瓊蕊漿。一飲滌昏寐，情來朗爽滿天地。再飲清我神，忽如飛雨灑輕塵。三飲便得道，何須苦心破煩惱。此物清高世莫知，世人飲酒多自欺。愁看畢卓甕間夜，笑向陶潛籬下時。崔侯啜之意不已，狂歌一曲驚人耳。孰知茶道全爾眞，唯有丹丘得如此。

在清幽雅靜的環境和空靈的心境中，細品靜悟，體會到超脫的「茶道」眞意。皎然在詩中所寫的「三飲」很好地表達了「茶道」的意境：素樸純潔的白瓷映襯下的茶湯分外明澈，細膩漂沫微微浮動，清香四溢，入口時那彷彿蕊漿仙液般滑潤綿柔。「一飲滌昏寐，情思朗爽滿天地。再飲清我神，忽如飛雨灑輕塵。三飲便得道，何須苦心破煩惱」，從俗世間的紛爭交戰中得來的

沉重昏惑，執著於心的種種欲望悵惘，就在茶的一飲、再飲、三飲的蕩滌沖刷之下，被神奇地分解消散掉，隨之而來的是省悟過後的清心朗爽。再飲則讓人心清神濾，恰如一陣飛雨滌盡塵世污濁，從而擁有了潔靜而空靈的心境；三飲之後，味出茶中之道，心胸曠達，煩惱一掃而光，何須再去苦心參禪解憂。茶是清高而神奇的飲品，讓一個滿心是愁的人懂得放下，轉愁為笑體悟到陶潛「採菊東籬下」的悠然適意。且讓人啜飲後仍覺開懷之意不盡，言之不足歌詠之，放聲狂歌多麼暢然，哪管旁人眼光？這才是眞正體悟到了茶道。

　　皎然詩中所提出的「茶道」，是融儒、道、佛三家理念的「道」，深化了飲茶的意義，提升了品飲的境界，奠定了中國茶道美學的基礎。也正是在他與陸羽為代表的宣導者的積極帶動下，寺院中的茶會、茶宴等廣泛流行，推動了茶道的形成和發展。可以說皎然與陸羽是中國唐代「茶道」文化的旗手，為中國茶文化的發展和深化起到了巨大的指引作用，也對世界茶道的發展作出了卓越貢獻。

第二章 「仙茶說」——茶道中的仙眞之美

第一節 「仙茶說」釋義

　　通過閱讀文學作品可以發現，人們在描述飲茶的感受時，常常將仙與茶聯繫在一起。這與東漢之後道教的普及密切相關。《神異記》中曾記載：「餘姚人虞洪，入山採茗，遇一道士牽三青牛，引洪至瀑布山，曰：『吾，丹丘子也。聞子善具飲常思見惠。山中有大茗可以相給，祈子他日有甌犧之餘，乞相遺也。』因立奠祀，後常令家人入山，獲大茗焉。」丹丘子爲漢代的僊人。陸羽在《茶經・七之事》中引南朝著名醫學家、道教思想家陶弘景的話：「苦茶，輕身換骨，昔丹丘子黃山君服之」，認爲口味清苦的茶能讓人感覺身體輕盈，彷彿脫胎換骨一般，昔日丹丘子黃山君都服食它。道教使用「服食」，是指服用草木、礦石藥物等以求長生之用，通常是與養生體道聯繫在一起，這句話記載了飲茶有利於道教徒修煉羽化的功用。許多詩人都對類似的體驗做了吟詠，例如溫庭筠在《西嶺道士茶歌》中寫道：「仙翁白扇霜鳥翎，拂壇夜讀《黃庭經》；疏香皓齒有餘味，更覺鶴心通杳冥」。古時視鶴爲「仙禽」，故鶴心猶「仙心」，這首詩描寫了西嶺道士搖著霜鳥翎毛做的白扇，夜裏邊喝茶邊讀著《黃庭經》〔註1〕，唇齒留香有餘味，彷彿一顆仙心通向了幽暗深遠的玄妙之境。

〔註1〕《黃庭經》是道教上清派的重要經典，也被內丹家奉爲內丹修煉的主要經典，屬於洞玄部。現傳《黃庭經》有《黃庭內景玉經》、《黃庭外景玉經》、《黃庭中景玉經》三種，書中認爲人體各處都有神仙，首次提出了三丹田的理論。

一、「仙眞」思想

「仙」是一個會意字，本作僊，按小篆寫法是 [篆]，其字形結構表示的是人爬到高處取鳥巢。《說文解字》：「僊，長生遷去也」。而《釋名》記有「老而不死曰仙。仙，遷也。遷入山也」，認爲年老而不死者被稱爲仙，而仙也被理解爲遷徙，遷徙到山中。《山海經》中有著許多關於山林的記錄和遐思，以尋找遷徙入山林爲何會讓古代的中國人如此嚮往的原因。「仙」被喻爲遷徙入山林中的人，後有仙居、仙遊的引申義。《山海經》自古被視爲我國的奇書，其中所描寫和記錄的內容，至今仍令一些學者不能完全肯定是虛構的。其中，不但有不死之山、不死之國、不死之樹、不死之民、不死之藥，還有登天之梯等等令人驚異的描述。古代神仙思想在燕齊沿海地區較爲流行，在荊楚一帶神仙傳說也較多，可以說春秋戰國時的燕齊文化和荊楚文化孕育了中國人的神仙思想。特別是燕齊位臨大海，海市蜃樓的幻景激發了人們的無限遐想。

實際上，我國神仙思想的出現早於道教，可以說早在道家思想形成之前就已經產生，神化的自然力在上古神仙傳說中扮演著主要角色，人們的想像力得到無局限的發揮。我國對於神秘力量的認識起源很早，《禮記‧表記》裏曾記載說「殷人尊神，率民以事神，先鬼而後禮。」殷人尊崇神，以祭祀鬼神爲先，然後才實施禮。《禮記‧曲禮》言：「禱祠祭祀，供給鬼神，非禮不誠不莊。」蒙文通引《越絕書》有言：「湯行仁義，敬鬼神，天下皆一心歸之，荊伯未之從也，湯於是飾牲牛以事荊伯，乃媿然曰，失事聖人禮，乃委其誠心。」認爲統治者敬鬼神的核心目的是能使天下萬民一心一意地、虔誠地歸附於自己，以便於國家的政令實施。《周禮‧春官宗伯》有言：「大宗伯之職，掌建邦之天神、人鬼、地祇之禮。」周人所尊崇和奉行的鬼神之禮，分爲天神、人鬼、地祇三類。可見，人們對於神的認識與信奉的傳統由來已久，因此道教所建立的神仙觀念的產生是有社會歷史根源的。

當人在人爲的宗教中按照自己的理想塑造宗教之神和上帝形象的時候，最高神和上帝必然集中了眞、善、美，必然是宗教美學人格（即神性）理想的最高代表。從美的本質論和審美感知論的角度來看，中國道教和西方宗教神學都強調「美」的主觀性，強調美的判斷標準在於審美主體的人格和心靈，這種主觀唯心主義的美學觀點當然是與他們的宗教本質相適應的。區別在於，西方的神和上帝之美是絕對的、人是不可能達到的，而道教的仙眞之美

是相對的、人是可以學致的。〔註2〕道教徒的追求是以長生不老得道成仙爲終極目標，他們篤信經過修煉可以與天地之道相感應融合，成爲沒有任何束縛的逍遙身──「仙」。道教是以「道」爲最高信仰而得名，相信人們經過一定的修煉可以長生不死成爲神仙。道教以這種修道成仙思想爲核心，它是在中國古代宗教信仰的基礎上，沿襲方仙道、黃老道某些宗教觀念和修持方法而於東漢時逐漸形成，神化老子及其關於『道』的學說，尊老子爲教主，奉若神明，並以《道德經》爲主要經典，對其中的文詞作出宗教性的闡釋。道家思想變爲他的思想淵源之一。與此同時，它還吸收了陰陽家、墨家、儒家包括讖緯學的一些思想，並在中國古代宗教信仰的基礎上，沿著方仙道、黃老道的某些思想和修持方法而逐漸形成的。〔註3〕

而這種飄逸逍遙的「仙」的形象，源於老子對於「道」這一最高本體和天地萬物運行最終極的推動力的看法。《道德經》中說：「視之不見明曰夷，聽之不聞名曰希，搏之不得名曰微。此三者不可致潔，故混而爲一」〔註4〕。想看卻看不見叫作夷，想聽卻聽不見叫作希。想觸摸卻觸摸不著叫微。無狀無象，無聲無響，故能無所不在。三者混而爲一便是道，道即自然。《道德經》接下來形容「道」：「其上不皦，其下不昧，繩繩兮不可名，復歸於無物。是謂無狀之狀，無物之象，是謂惚恍。迎之不見其首，隨之不見其後。」其上不光明，其下不陰暗，朦朦朧朧無法形容，於是又回覆到無。它沒有形狀，沒有物象，恍恍惚惚而不可得而定也。迎向它，卻看不見它的頭；跟隨它，也看不見它的尾。

老子對於「道」的理解，引發了莊子關於神人、眞人、至人的觀點，從而啓發了後世道家學派以及道教修習者對於「仙」的無窮嚮往。道教的成仙思想不同於作爲一個哲學流派來看的道家思想，但又與道家思想，特別是《莊子》的思想密切相關。《莊子‧逍遙遊》中對於神人的記載非常有代表性，「藐姑射之山，有神人居焉。肌膚若冰雪，淖約若處子，不食五穀，吸風飲露，乘雲氣，御飛龍，而遊乎四海之外；其神凝，使物不疵癘而年穀熟」〔註5〕。

〔註2〕潘顯一、李斐、申喜萍等著：《道教美學思想史研究》，北京：商務印書館，2010年版，第48頁。

〔註3〕卿希泰：《中國道教史》（修訂本）第一卷，四川人民出版社，1996年，第1頁。

〔註4〕王弼（著）、樓宇烈（校釋）：王弼集校釋（上），北京：中華書局，1980年8月版，第31頁。

〔註5〕《莊子‧逍遙遊》。

《莊子》認為神人住在遙遠的姑射山上，皮膚潤白像冰雪，體態柔美如處子，不食五穀而吸清風飲甘露，乘雲氣駕飛龍而遨遊於四海之外。神情凝然，使得世間萬物不受病害，年年都能五穀豐登讓人們有好的收成。這裡所謂的「神人」實際上就是僊人，雖然文中只寫了這樣一段話，沒有寓言故事，卻給人們塑造了一個純潔飄逸的僊人形象。而《莊子·逍遙遊》篇中對列子也進行了類似的描述：「夫列子御風而行，泠然善也，旬有五日而後反。」列子〔註6〕御風也是神話，《釋文》引李頤的話說列子：鄭人，名禦寇，得風仙，乘風而行，與鄭穆公同時。」

對於真人的描述，莊子認為世上先有「真人」然後才有「真知」。那麼，怎樣的人可以視為「真人」呢？所謂「真人」，就是存養本性、悟得大道的人。

> 且有真人而後有真知。何謂真人？古之真人不逆寡，不雄成，不謨士。若然者，過而弗悔，當而不自得也。若然者，登高不慄，入水不濡，入火不熱。是知之能登假於道者也若此。古之真人，其寢不夢，其覺無憂，其食不甘，其息深深。真人之息以踵，眾人之息以喉。屈服者，其嗌言若哇。其耆欲深者，其天機淺。古之真人，不知說生，不知惡死；其出不訢，其入不距；翛然而往，翛然而來而已矣。不忘其所始，不求其所終；受而喜之，忘而復之，是之謂不以心捐道，不以人助天。是之謂真人。若然者，其心志，其容寂，其顙頯；淒然似秋，煖然似春，喜怒通四時，與物有宜而莫知其極。

〔註7〕

有真知的人就是真人，這裡的「真知」是指《莊子·大宗師》提到的「知天之所為，知人之所為」的「知」，而不是人為的心智之知。「天之所為」所指是天地自然運行之道，「人之所為」即人的生命運行之道。莊子認為古時候的「真人」不會去倚眾凌寡，不會自鳴得意而俯視他人，也不會工於心計。錯過了時機不後悔，趕上了也不得意。登上高處不顫慄，落到水裏不會沾濕，置入火中也不覺灼熱，這些是只有通達大道的人才能做到。睡覺時不做夢，醒來時不憂愁，吃東西時不求味道甘美，呼吸時氣息深沉。真人是由著地的

〔註6〕《莊子》中常虛構一些子虛烏有的人物，如「無名人」、「天根」，故有人懷疑列子也是虛構的。不過，由於《戰國策》、《尸子》、《呂氏春秋》等諸多文獻中也都提及列子，所以列子被後世學者認為確有其人。

〔註7〕《莊子·大宗師》。

腳根而起的深沉呼吸，普通人則是鼻喉處進行的淺淺的呼吸。普通人屈服時，說話吞吞吐吐彷彿有什麼東西鯁在嗓子裏；嗜好和欲望太多的人，他們與生俱來的智慧非常淺。而真人不對生存而喜悅，也不對死亡感到厭惡，不過是無拘無束地走，自由自在地來而已。沒有去故意忘記生命和事情的起始緣由，也不刻意預設或者認為促成一個最終的結果。懷著喜悅的心情去接受任何際遇，面對死生就像是順其自然地回到了自己的本然，這樣就叫做不去用心智有損道，也不去人為的助力於天地自然，這種人就被稱之為「真人」。真人的內心純一，其容顏淡泊安閒，面額質樸端嚴；冷肅得像秋天，溫暖得像春天，喜怒與自然界的四時更替一樣自然，與外界事物融合得不著痕跡而沒有深究下去的想法。只有明白天人之理，通曉天地大道與人之間的關係，用天地大道來孕育和頤養人的生命，順應天道而行，才能達到天人合一逍遙自在的境界，也就是達到「真人」的境界。莊子對於至人的描述，認為至人是不依附於任何外在事物而存在，真正自由逍遙而不被任何事物傷害的人。

> 至人神矣，大澤焚而不能熱，河漢冱而不能寒，疾雷破山，飄
> 風振海而不能驚。若然者，乘雲氣，騎日月，而遊乎四海之外，死
> 生無變於己，而況利害之端乎？〔註8〕

　　至人是神妙難測的，林澤焚燒不能使他感到灼熱，而黃河、漢水的冰凍不能使他感到冷，迅猛的雷霆劈山破岩或者狂暴的颶風翻江倒海都不能使他感到震驚。到了這種境界，便可駕馭雲氣，騎乘日月，在四海之外遨遊，死和生對於他來說毫不動心，何況利與害這些微不足道的事。《莊子‧逍遙遊》中說「乘天地之正，而御六氣之辯」，順應自然遵循宇宙萬物的規律，把握陰、陽、風、雨、晦、明這「六氣」的變化，就能遨遊於無窮無盡的境域。至人能如此逍遙自在，正是由於其不像大鵬、小鳥那樣對外物有所依憑，而是能夠無拘無束「以無待遊乎無窮」。《莊子》中對於「真人」、「至人」和「神人」的描述是「不食五穀，吸風飲露」，能「入火不熱」、「入水不濡」、「御風而行」、「乘雲氣，御飛龍，而遊乎四海之外」的，雖然「無待」，還是不能不有所依憑。

　　到了東晉時期的葛洪，神仙完全超脫了一切外力的束縛，他們「或竦身入雲，無翅而飛；或駕龍乘雲，上造太階；或化為鳥獸，遊浮青雲；或潛行江海，翱翔名山；或食元氣；或茹芝草；或出入人間而不識，或隱其身而莫

〔註8〕《莊子‧齊物論》。

之見。〔註9〕道教主張重己貴生，「生，道之別體也」〔註10〕，人的生命是道的另一種形式，本質都是相同的。因此，追求個體生命的長生不老乃至不死的超越，享有不憑藉其他外力的而擁有自由自在的逍遙閒適，都是對於天地大道的順應和尊崇。而葛洪在《神仙傳》中所描述的關於成仙的「逍遙」之美，充滿了藝術想像的感染力，「夫得仙者，或升太清，或翔紫霄，或造玄洲，或棲板桐；聽鈞天之樂，享九芝之饌，出攝松羨於倒景之表，入宴常陽於瑤房之中，局爲當侶狐貉而偶猿狖乎？所謂不知而作也。夫道也者，逍遙虹霓，翱翔丹霄，鴻崖六虛，唯意所造。」〔註11〕細膩綺麗的描寫與魏晉時期文人希望擺脫世俗牽絆的憧憬相吻合，而得道成仙的這類描寫本身就是一種充滿朦朧夢幻的美，是一種建立在道家及道家中可以通於「仙」的理論基礎之上的藝術美，也就是後世道教推崇得道成仙、永享自在逍遙的表現。

二、茶與仙

通過梳理資料可知，歷代眞仙高道爲道家與茶的融合與發展作出了積極的貢獻，不僅以茶養生、樂生，還將其悠居修煉之地作爲養生之仙境趣所。將僊人、眞人所居之所稱之爲洞天福地，其中包括有十大洞天，三十六小洞天，七十二福地，絕大部分是清心秀麗的名山大川，有益於產出品質優良的茶葉，道教徒們也以種茶、採茶、品茶爲人生的樂趣。爲數不少的道教洞天福地就在如今的產茶區，其中有一些山峰本身就是名茶產地，如盛產武夷岩茶的武夷山，極具盛名的「洞天貢茶」產地青城山，以及武當山等等。甚至後來凡有煉丹丘爐和烹茶器具之處，都有道人棲居修煉。由於煉製仙丹妙藥需要長時間集中精力，掌握火候和煉製狀況，有的甚至日以繼夜，身體的疲累可以想像，爲了解除疲勞，茶也成爲了不可或缺的助手。

依照老子的思想，道是無所不在的。循著這一思路，在秉承道家思想的茶人看來，茶道也是自然大道的一部分。這種理念使得人們從發現茶、利用茶到品味茶的整個過程，都將其與自然大道想聯繫。道家思想發展到兩漢魏晉南北朝時，隨著自然之道這一觀念的普及，人們對於人生思考逐漸轉變爲

〔註 9〕 《神仙傳・彭祖傳》，張繼禹主編：《中華道藏》第 45 冊，華夏出版社，2004年版，第 19 頁。

〔註10〕 《老子想爾注》，張繼禹主編《中華道藏》第 9 冊，第 179 頁。

〔註11〕 王明著：《抱朴子內篇校釋・明本》，北京：中華書局，1985 年版，第 189 頁。

怎樣才能成爲得道之人，怎樣才能羽化成仙。例如唐代詩人盧全在《七碗茶歌》中寫道：「一碗喉吻潤，二碗破孤悶。三碗搜枯腸，惟有文字五千卷。四碗發輕汗，平生不平事，盡向毛孔散。五碗肌骨清，六碗通仙靈。七碗吃不得也，唯覺兩腋習習清風生。蓬萊山，在何處？玉川子乘此清風欲歸去。」仙也被形容爲輕舉貌，例如杜甫的《覽鏡呈柏中丞》中有「行遲更覺仙」。「仙茶説」是認爲茶對於人的輕身和羽化的效用，讓人有出於塵外，遷入山林之感。而《廣陵耆老傳》中所載的老姥鬻茗的神異故事，這也是道教方術在茶中的投影。《茶經・七之事》中記載：「晉元帝時有老姥，每旦獨提一器茗，往市鬻之，市人競買。自旦至夕，其器不減，所得錢散路傍孤貧乞人，人或異之，州法曹縶之獄中，至夜，老姥執所鬻茗器，從獄牖中飛出」，說的是晉元帝時，有一老婦人每天早晨獨自提著茶，到集市上去賣，人們爭相購買。而茶器中的茶從早賣到晚也沒見減少。她把賺來的錢分送給路邊孤苦伶仃的乞討者，有人對她的事情感到難以置信，報告給了官府。官府的差人把老婦人抓起來捆送到監獄，到了晚上，老婦人手提茶器，從監獄的窗戶飛了出去。這則故事，表現出當時人們對於神仙之存在的認同，也見出這位賣茶的老婦人有著高超的法術與善良的心靈。

馬鈺作爲「全眞七子」之首，其所作的茶詞在道教關於茶的文學作品中也非常具有代表性。馬鈺名從義，字宜甫，後改名鈺，字元寶，扶風（今屬陝西）人。金貞元間舉進士，後從王重陽學道，王重陽仙逝後由他來執掌全眞教。他在《長思仁・茶》中這樣寫道：「一槍茶，二旗茶，休獻機心名義家，無眠爲作差。無爲茶，自然茶，天賜休心與道家，無眠功行加。」另一首《西江月》也很有意境：「江畔溪邊雪裏，陰陽造化希奇。黃芽瑞草出幽微，別是一番香美。用工輕輕研細，烹煎神水相宜。山侗啜罷赴瑤池，不讓盧仝知味。」這兩首詞的意旨都是說明道教徒品茶講究的是親近自然和清靜無爲的精神，主張以重生延壽和修道成仙爲目的，輕身羽化最終能到仙界瑤池中與群仙相會。

道家是「古代中國社會思想文化體系中以道爲其核心觀念，強調天道自然無爲、人道順應天道的一個流派」〔註12〕，主要包括先秦時期的老子與莊子的思想，也包括崇尚老莊思想及黃老之學的一切流派。而信奉道教的修行者更是將相關學說和實踐提升到宗教層面的重要人群。其中，「重人貴生」的養生理念是道家的重要思想，這也是道家區別於其他流派的重要內容，而道

〔註12〕劉增惠著：《道家文化面面觀》，濟南：齊魯書社，2000年版，第1頁。

教是世界上最為重視現世生命存在的宗教之一，早期的道教就是將「重人貴生」的思想作為修行的基本要旨的。他們將人生最為首要的目標確定為頤養和延續自身的生命，其教義核心便是得道，即經過身心修煉來獲得的長生不死之道，這樣一來人便可以返原歸真，與天地之道相融合，從而達到絕對的自由。《道德經》第二十五章云：「故道大，天大，地大，人亦大。域中有四大，而人居其一焉」〔註13〕認為道、天、地、人是世界的四大，明確將人的存在提到與道、天、地同等重要的地位，因此人的生命被視為彌足珍貴的。如《太平經》卷七十二有言「天地之性，萬二千物，人命最重」，「凡天下人死亡，非小事也，一死，終古不得復見天地日月也，脈骨成塗土」，「人最善者，莫若常欲樂生，汲汲若渴，乃後可也」，即認為天下之人的死亡都不是一件小事，人一旦死去，永遠不會再看到天地日月世間萬物，身體骨肉化為塵土。因此，人們應當加倍熱愛與珍視自己的生命。

　　道家認為人要樂生，人生最大的幸福莫過於珍惜生命和享受生命，而實現樂生的途徑便是養生。道教的形成與發展經歷了一個緩慢的過程，兩晉南北朝時期隨著煉丹術的盛行和玄學的興起，道家理論得以豐富與深化，道教獲得了較大發展。東晉建武元年，著名的道教徒葛洪〔註14〕所著的《抱朴子》對戰國以來的道家理論第一次進行系統化論述，豐富了道教的思想內容。《抱朴子內篇》中的《勤求》篇說：「天地之大德曰生。生，好物者也，是以道家之所至秘而重者，莫過乎長生之方也。」〔註15〕葛洪認為「生」是天地由「道」得來的最大之德性，生命體現了天地有好生之德，因此說長生不老是道家修行最為主要的目標。在生命與道的關係上，道教主張道生萬物，只有遵循和順應道，生命才能持久。司馬承禎在《坐忘論》中也提到「夫人之所貴者，生也。生之所貴者，道也。人之有道，如魚之有水。只有生道合一，才可長生成仙」，他認為人最為寶貴的是生命，

〔註13〕李湘雅著：《道德經解讀》，北京：人民文學出版社，2006年版，第74頁。
〔註14〕葛洪（284～364或343）為東晉道教學者、著名煉丹家、醫藥學家。字稚川，自號抱朴子，漢族，晉丹陽郡句容（今江蘇句容縣）人。三國方士葛玄之姪孫，世稱小仙翁。他曾受封為關內侯，後隱居羅浮山煉丹，著有《神仙傳》、《抱朴子》、《肘後備急方》、《西京雜記》等。葛洪內擅丹道，外習醫術，研精道儒，學貫百家，思想淵深，著作弘富。他不僅對道教理論的發展卓有建樹，而且學兼內外，於治術、醫學、音樂、文學等方面成就。
〔註15〕王明校釋：《抱朴子內篇校釋》（增訂本），北京：中華書局，1985年，第252頁。

而生命最爲寶貴的是天道，人順應天道，就好像魚在水裏優遊，只有生命與道相合一，才能長生不老成爲神仙。

因爲對葆養生命、長生不老的追求，道教徒便將此作爲信仰的核心，把對身體的養護與延續作爲最高的修行目標。到了唐宋時期，唐高祖李淵認老子李耳爲祖先，宋眞宗、宋徽宗也極其崇通道教，宋徽宗更自號「教主道君皇帝」，道教因而備受尊崇，成爲國教。自漢晉以來一直隱而不顯的道教丹鼎一派，由於漢鍾離、呂洞賓等人的大力宣導，內丹之學逐漸發展乃至盛行。而唐宋時期也正是茶盛行的時期，上至君主王侯將相，下至文人墨客百姓，對茶的喜愛也是與日俱增。茶所天然具有的輕身換骨的效用，正好迎合了道教大行的社會風氣。而對於主張修行道教的人們來說，茶體現了重人貴生，並且一直是這一思想的實踐者。因爲茶最初的身份就是從解救生命得到確立的，《神農本草經》中記載的：「神農嘗百草，日遇七十二毒，得茶而解之」，就說明茶葉能解七十二種毒，有利於人驅除疾病、延長生命。《禮記・禮運》曰：「昔者先王未有宮室，多則居營窟，夏則居檜巢，未有火化，食草木之實，鳥獸之肉，飲其血」〔註16〕，記載了古時候先王沒有宮殿房屋，多天住在用土壘成的洞窟中，夏天住在樹上木築的巢室裏。那時不會用火來加工食物，吃的是草木的果實和鳥獸的肉，喝的是鳥獸的血。《淮南子・脩務訓》中曰：「古者，民茹草飲水，採樹木之實，食嬴蚌之肉」〔註17〕，在遠古生產力極其低下時，沒有農業生產作爲生命的基礎保障，主要依靠採集樹葉、野草、野果和原始狩獵獲得食物延續生命，而「食草木之實」與「茹草飲水，採樹木之實」也包括「發乎神農氏，起於魯周公」的茶。居住在茶葉原產地的基諾族至今仍保留著吃涼拌茶的飲食習俗，而拉祜族、彝族、白族的「烤茶」和傣族、佤族的「燒茶」都是原始居民延續下來的食用茶葉的傳統。茶葉是原始人類長期食用和飲用的宜生之品，無論是生吃還是燒烤茶葉都說明了茶葉是人類生存的必需品之一，而茶葉的各種藥用價值也是不可忽視的。

道教修行者外服丹藥，內煉眞氣，以求長生不老。在煉丹和採摘草藥的過程中，常會涉及各種材料的藥效問題。經過長時間研究，他們對於茶的功效開始重視，將其與修道長生聯繫在一起，有了更爲深刻的理解。南北朝時

〔註16〕陳戊國注：《禮記校注》，長沙：嶽麓書社，2004年版，155頁。
〔註17〕何寧撰：《淮南子集釋》（下），北京：中華書局，1998年版，第1311頁。

期的醫學家、道教思想家陶弘景〔註18〕認為道教修煉主要是祛除人們體內的濁氣，採集萬物之精氣，來達到養生長壽的目的。而茶正是這清除膩濁、注入清心寧神的靈物。而《古仙導引按摩法》中曾有「導引除百病，延年益壽要術也」〔註19〕的說法，而茶正好具有這種導引的作用，它能充分調動和引發人的內在潛能，使人興奮清醒，精神煥發。「若夫僊人，以藥物養身，以術數延命，使內疾不生，外患不入，雖久視不死，而舊身不改，苟有其道，無以為難也」〔註20〕陶弘景在《養性延命錄》中也說「食藥者，與天相畢，日月並列」〔註21〕。道教徒飲用茶也是同樣出於此類的緣故，通過服食來求得長生與成仙。

正如《黃帝內經‧素問》說「五味入口，藏於腸胃，味有所藏，以養五氣，氣和而生，津液相成，神乃自生」。五種滋味入口，藏於腸胃之中，藏養五氣，氣和而有生機，使得津液生成，人的精神就自然而生了。而茶的滋味以清苦聞名，飲後又能回甘，如《神農本草經》曰：「茶味苦，飲之使人益思，少臥，輕身，明目。」《新修本草‧木部》中的：「茗，苦茶，味甘苦，微寒無痛，主痔瘡，利小便，去痰熱渴，令人少睡，春採之。苦茶，主下氣，消宿食」。李時珍在《本草綱目》中也認為：「茶苦而寒，最能降火……又兼解酒食之毒，使人神思爽，不昏不睡，此茶之功也。」茶入口之初，滋味清苦，飲後回甘津液生成，使人深思清爽思維敏捷，能使人的睡眠減少，身體輕盈，眼睛明亮。由於茶的這些有益於身心的功用，深得道教徒的推崇。明代的顧元慶在《茶譜》中說茶「久食令人瘦，去人脂」，以茶養形也是茶得到道教徒推崇的原因之一。道教中以方仙道為首的養形派，主張神依形生，形依神立，形神合一才是有益於身心健康的最佳狀態，堅持用服藥來滋養身體，認為「服藥有益，乃成仙」，而草木被視為絕好的天然滋養靈物。因此，集天地精華於一身的茶被推為首選的服養之物。

〔註18〕陶弘景，南朝梁時丹陽秣陵（今江蘇南京）人。著名的醫藥家、煉丹家、文學家，人稱「山中宰相」。作品有《本草經集注》、《集金丹黃白方》、《二牛圖》等。

〔註19〕陳耀庭著：《道家養生術》，上海：復旦大學出版社，1992年版，第99頁。

〔註20〕邱風俠注釋：《抱朴子內篇注釋》，北京：中國社會科學出版社，2004年版，第27頁。

〔註21〕吳楓、宋一夫主編：《中華道學通典》，海口：南海出版公司，1994年版，第772頁。

第二節　以《煮茶夢記》爲例

在元代的詩文之中，有不少寫茶的作品，如馬臻（1290 年前後）的《竹窗》：「竹窗西日晚來明，桂子香中鶴夢清。侍立小童閑不動，蕭蕭石鼎煮茶聲。」薩都剌的詩中曰：「春到人間才十日，東風先過玉川家。紫徽書寄斜封印，黃閣香分上賜茶。秋露有聲浮薤葉，夜窗無夢到梅花。清風兩腋歸何處，直上三山看海霞」。洪希文的《浣溪沙・試茶》詞則另有一番情趣：「獨坐書齋日正中，平生三昧試茶功，起看水火自爭雄。熱挾怒濤翻急雪，韻勝甘露透香風，晚涼月色照孤松。」這些詩詞描述了茶道古風的要義，顯示出詩人超凡出塵的心境。而最能體現茶人追求逍遙之境的，則是楊維楨撰寫的《煮茶夢記》。

一、關於《煮茶夢記》

《煮茶夢記》是一篇篇幅短小的茶文，其作者楊維楨（1296～1370）是元末明初著名文學家、書畫家。他字廉夫，號鐵崖、鐵笛道人，又號鐵心道人、鐵冠道人、鐵龍道人、梅花道人等，晚年自號老鐵、抱遺老人、東維子，會稽（浙江諸暨）楓橋全堂人，與陸居仁、錢惟善一起合稱爲「元末三高士」。泰定四年進士。歷天台縣尹、杭州四務提舉、建德路總管推官，元末農民起義爆發，楊維楨避寓富春江一帶，張士誠屢召不赴，後隱居江湖，在松江築園圃蓬臺。主要著作有《東維子文集》及《鐵崖先生古樂府》。楊維楨由於沒能參與修遼金宋三史，且撰寫的《正統辯》未被採納，心中郁郁寡歡，同時因大量接觸黃公望的山水畫，使楊維禎對自己堅持的儒家治世理想產生質疑，進而萌生出對自然山水的留連與喜愛，這使得他對於道家思想有了更多的偏愛與推崇。

這一點在文學創作的主張上，對楊維楨產生了一定的影響。他對於詩的研究有獨到之處，強調「詩本性情」，關於詩文的見解和品評主要散見於各類序跋之中，而主張性情流露的核心思想則是貫穿其中的。關於楊維楨對元代詩歌的影響，有學者認爲「元代後期，以平江（今蘇州）爲中心，西及無錫、江陰，東至松江以及現屬浙江的嘉興、湖州等地，是詩歌創作的中心。聚集在這一地區的詩人大都是遠離政治的詩人，他們在政權即將瓦解的亂世之中，由對自身外部的追求，轉向對個體自身的關注，反映到詩歌中則是對個人情性的追求。楊維楨就是當時這種新思潮的傑出代表，他不僅是這一地區的詩歌領袖，也是元末最出色的詩論家，是促使元代詩歌思想發生重大轉

變的關鍵性人物。」〔註22〕而在《李仲虞詩集序》中，他寫道：「詩者，人之情性也，人各有情性則人各有詩。」〔註23〕這種主張突破了推崇雅正的傳統理念，強調人的性情流露。他還在《兩浙作者序》中寫道：「曩余在京師時，與同年黃子肅、俞原明、張志道論閩浙新詩，子肅數閩詩人凡若干輩，而深詆餘兩浙無詩，余憤曰：『言何誕也，詩出情性，豈閩有情性，浙皆木石肝肺乎？』」〔註24〕認爲性情是創作的源泉和動力，只要具備了情性就能寫出好的詩作。自從陸機在《文賦》中提出了著名的「詩緣情而綺靡」的理論，將個人情感的流露視爲文學創作的審美標準之後，強調個人情感抒發的觀點被繼承與發揚。而在楊維楨之前，人們對於「情性」的主張是要求寫「性情之正」，如宋元時期的思想家吳澄在《蕭養蒙詩序》中說：「性發乎情則言，言出乎天眞，情止乎禮義，則事事有關於世教」，認爲詩歌中所表達的天眞情性要有節度，達到止乎禮義教化之用。而楊維楨提出的「詩本情性」，強調的是人的自然情感與天賦本性，將眞實情性作爲基本要素，表現出對於性靈自由的執著追求。

　　楊維楨原本一直秉持著儒家治世精神，有著濃厚的入世濟民的理想，像其他「學而優則仕」的知識分子一樣，考取進士後，擔任天台尹的職務，經歷了改任錢清場鹽司令。由於他個性耿直，不夠圓融，未能受到重用。人到中年之時又遇到元末的兵亂，便避居到富春山，然後遷往錢塘。他與當時的文士大夫和才俊之士交遊甚密，在文壇有一定的影響力，但內心深處仍有著無法濟世的憂鬱，「呼侍兒出歌白雪之辭，自倚鳳琵和之」〔註25〕這樣的話語也表達出他隱含的愁緒與高潔之志。據記載，楊維楨常常會佩戴華陽巾，披上羽衣坐在船屋之上，吹著鐵笛在水上徜徉，追隨道家崇尚自由自在的人生理想，有時甚至會刻意放浪形骸。宋濂對此有這樣的看法，認爲「蓋君數奇諧寡，故特託此以依隱玩世耳」〔註26〕，覺得楊維楨是借種種怪誕不羈的言行來表達自己隱於世的人生態度。

〔註22〕哈嘉瑩著：《光明日報》，2005 年 7 月 29 日，第 006 版。

〔註23〕《東維子集‧卷七》。

〔註24〕《東維子集‧卷七》。

〔註25〕〔清〕張廷玉等著：《明史》，臺北：鼎文書局，1979，卷 285 ，（文苑一‧楊維楨），第 7308- 7309 頁。

〔註26〕〔明〕宋濂著：《宋學士文集》（收入《四部叢刊初編》，上海：上海商務印書館，1922 年），卷 16，《元故奉訓大夫江西等處儒學提舉楊君墓誌銘》。

　　強調自然情性的楊維楨對於道教非常推崇，他對茶也有著自己的見解，曾經受蘇軾《葉嘉傳》的影響，寫過《清苦先生傳》。有學者認為「全篇無『茶』一字，卻處處充滿茶的指涉意涵，行文意旨亦充分掌握茶文化的各種內涵，其中較大的差別是蘇軾《葉嘉傳》具有明顯的故事性，以『忠臣』的角度，藉由茶葉特性衍義成文，表現積極入世的精神，而《清苦居士傳》則偏重以『茶人』的角色，優遊於茶品、茶史、茶泉、茶境、茶賦、茶書、茶品等題材，言簡意賅，十分扼要的表達出個人的交遊情形、茶學涵養與品茗清趣。換言之，楊維楨《清苦先生傳》在蘇軾《葉嘉傳》的基礎上，拓展新的論述空間，具體呈現恬淡無爭、清苦狷介的知識分子風格，也反映世下個人的人生抉擇」〔註27〕而由於其經由政治來報國的想法受到一次次挫折之後，他的思想也隨之發生變化。《煮茶夢記》則更為自由奇幻，幾乎沒有這樣的痕跡，只是對於品茶遊仙的想像與情景進行了描繪，讀來讓人彷彿遠離世境，進入仙樂飄飄、茶香氳氲的世外桃源。

二、《煮茶夢記》解析

　　楊維楨在《煮茶夢記》中把煮茶遊夢遇仙的情景描寫了出來，由該文可以見出他對茶與道教的理解，對於「仙茶說」的思想是很好的詮釋。文章充分表現出飲茶人在茶煙彌漫的氛圍中，遊夢出塵的仙境之美。如仙如道，煙霞璀璨，此番情景在他的筆下給人以極大的審美享受。

> 　　鐵龍道人臥石床，移二更，月微明及紙帳，梅影亦及半窗，鶴孤立不鳴。命小芸童，汲白蓮泉，燃槁湘竹，授以凌霄芽為飲供。道人乃遊心太虛，雍雍涼涼，若鴻蒙，若皇芒，今天地之未生，適陰陽之若亡，恍分不知入夢。遂坐清真銀輝之堂，堂上香雲簾拂地，中著紫桂榻，綠璃几。看太初《易》一集，集內悉星斗示，煥煜煇熠，金流玉錯，莫別爻畫，若煙雲日月，交麗乎中天。㸑玉露涼，月冷如冰，入齒者易刻。〔註28〕

　　文中的鐵龍道人是楊維楨的別號，文章一開始對作者的品茗環境進行了描述。二更之時，月光微亮灑照在紙張上，梅樹的影子映在窗上，仙鶴

〔註27〕粘振和著：《元末楊維禎〈清苦先生傳〉的茶文化意蘊》，臺灣：《成功大學歷史學報》第三十七號，2009年12月。

〔註28〕楊維楨《煮茶夢記》。

形單影隻。交代小芸童，汲來白蓮泉的泉水，燃起枯槁的湘竹，備好凌霄芽品飲。於是，作者遊心於縹緲虛幻的境界，一時間彷彿處於鴻蒙之中，又彷彿置身黃芒之中，恍惚中不知不覺進入夢中，坐在清新妙眞有銀色輝光的堂上，這裡香雲簾輕拂地面，中間有紫桂臥榻和綠璃幾。身心飄入純淨明潔的月宮，閱讀文采華麗的《易》集，眼觀變化莫測的爻畫，吟詠空靈虛靜的詩章，彷彿煙雲與日月交相輝映於天頂中，露水微涼，月光如水。楊維楨將品茶的氛圍與感受描繪得細膩生動，這樣飄渺舒心的體會正是人與道相合的體驗。

老子在《道德經》中有云：「有物混成，先天地生，……可以爲天下母。吾不知其名，強字之曰道。」認爲道是一種先於天地而存在的混沌之物，是生成天下萬物的母親。所以說「道生一，一生二，二生三，三生萬物」，道是宇宙萬物產生的本原，道生天地，天地生萬物，一切都是道的派生物。道的樣子如何呢？老子形容它時這樣說到：「道之爲物，惟恍惟惚；惚兮恍兮，其中有象；恍兮惚兮，其中有物；杳兮冥兮，其中有精；其精其眞，其中有信。」〔註29〕道是虛空的而難以捉摸的，充塞於宇宙之中，混混沌沌，恍恍惚惚，看不清什麼，卻其中確實有象有物，有眞有信。難以用語言來描繪道的形態，也找不出合適的東西來比喻。楊維楨在《煮茶夢記》中所說的「道人乃遊心太虛，雍雍涼涼，若鴻蒙，若皇芒，今天地之未生，適陰陽之若亡，恍兮不知入夢」，正是描寫的在茶煙之中與「道」相合的體驗，遊心於道之中，彷彿天地未生之時，陰陽的差異沒有了，恍恍惚惚地置身於夢中，置身夢中即是置身道中。

因作《太虛吟》，吟曰：「道無形兮兆無聲，妙無心兮一以貞，百象斯融兮太虛以清」。歌已，光飆起林末，激華氛，郁郁霏霏，絢爛淫豔。乃有扈綠衣，若仙子者，從容來謁。云：名淡香，小字綠花。乃捧太元盃，酌太清神明之醴以壽。予侑以詞曰：「心不行，神不行，無而爲，萬化清。」壽畢，紓徐而退。復令小玉環侍筆牘，遂書歌遺之曰：「道可受兮不可傳，天無形兮四時以言，妙乎天兮天天之先，天天之先復何仙。」移間，白雲微消，綠衣化煙，月反明予內間，予亦悟矣。遂冥神合元，月光尚隱隱於梅花間，小芸呼曰：「凌霄芽熟！」〔註30〕

〔註29〕《老子・二十一章》。
〔註30〕楊維楨《煮茶夢記》。

此情此景之下，楊維楨不禁作了一首《太虛吟》:「道無形無聲，得道的感覺是妙然卻無心，百千物象融合於太虛之中而清新天真。」這裡茶的烹煮過程本身就是雅致寧靜的，其清幽之趣正如羅稟在《茶解》中形容的「山堂夜坐，汲泉煮茗，至水火相戰如聽松濤，清風滿懷，雲光瀲灔，此時幽趣，固難於俗人言也。」夜晚山堂中汲來清泉烹茗，松濤清風中，雲光瀲灔，清幽野趣非世俗之人能體會。烹煮茶湯時的水聲常常用松風來形容，「松風」即「煮水三辨」的聲辨，蘇軾曾形容它「蟹眼已過魚眼生，颼颼欲作松風鳴」。陸羽在《茶經·五之煮》中指「其沸如魚目微有聲為一沸，緣邊如湧泉連珠為二沸，騰波鼓浪為三沸」。

田藝蘅在《煮泉小品》中對於煮茶用水的選擇，也有類似的說法。他認為煮茶最好用靈水來作為仙飲。他說:

> 靈，神也。天一生水，而精明不淆。故上天自降之澤，實靈水也，古稱「上池之水」者非也？要之皆仙飲也。露者陽氣勝而所散也。色濃為甘露，凝如脂，美如飴，一名膏露，一名天酒。《十洲記》:「黃帝寶露。」《洞冥記》:「五色露。」皆靈露也。《莊子》曰:「姑射山神人，不食五穀，吸風飲露。」《山海經》:「仙丘絳露，僊人常飲之。」《博物志》:「沃渚之野，民飲甘露。」《拾遺記》:「含明之國，承露而飲。」《神異經》:「西北海外人長二千里，日飲天酒五斗。」《楚辭》:「朝飲木蘭之墜露。」是露可飲也。〔註31〕

「這個具有神奇之力的「道」，賦予萬物以生氣。這個整體知道，包括陰陽兩種元素。整體之道通過陰陽兩元素的運動作用，就恰似一個大靈魂，可由自身無限地分化出許多物體，這是個彌散的過程，在此過程中，宇宙萬物每個個體都賦有了一定的生氣。當含『生命素』越多的物質，被人服食以後，則越能收到強身健魄之效。在這種觀念之下，那些含『道』，含『生命素』成分較多的物質（雖為數較少），卻是延年益壽、長生不老的珍品。所以在《道藏》中，我們能夠找出無數『注進了道』的或『含有生命素』的物質，服食可以求仙。」〔註32〕鄭板橋在《寄弟家書》中對烹茶之仙境也有讚美，他說「坐小閣上，烹龍鳳茶，燒夾剪香，令友人吹笛，作《落

〔註31〕田藝蘅《煮泉小品》。
〔註32〕賴功歐著:《茶哲睿智——中國茶文化與儒釋道》，北京:光明日報出版社，1999年版，第13頁。

梅花》一弄，真人間仙境也。」坐於小閣樓中，烹煮龍鳳茶，烤出溫熱的茶香，旁邊友人用笛子吹出《落梅花》的曲子，真可以說是置身於人間的仙境。黃庭堅在《煎茶賦》中也有「洶洶乎如澗松之發清吹，皓皓乎春空之行白雲」的描述，可以想見爐火蒸騰，水聲攘攘茶煙嫋嫋，清馨迷人的情景，人在茶中彷彿魚在水中，融合而悠然。

楊維楨筆下的綠衣仙子綠花正是茶之仙子，從容淡雅，款款而至。佳茗與佳人的比附，正是蘇軾在《次韻曹輔寄壑源試焙新芽》中的觀點：「仙山靈草濕行雲，洗遍香肌粉未勻。明月來投玉川子，清風吹破武林春。要知冰雪心腸好，不是膏油首面新。戲作小詩君勿笑，從來佳茗似佳人。」在蘇軾看來，茶的冰雪清馨，彷彿美麗的女子那般可人。而田藝蘅在《煮泉小品》中認為，蘇軾將茶比為佳人雖美，但未離塵俗，還未得茶的要妙，茶當如毛女、麻姑這般具有超塵脫俗氣質的仙女才更為精準。故而說：「茶如佳人，此論雖妙，但恐不宜山林間耳。昔蘇子瞻詩：『從來佳茗似佳人』，曾差山詩『移人尤物眾談誇』，是也。若欲稱之山林，當如毛女、麻姑，自然仙風道骨，不淹煙霞可也。必若桃臉柳腰，宜亟屏之銷金帳中，無俗我泉石。」而南宋道人玄虛子從小慕仙好道，曾為汾陽龍興觀的全真道士，他在《詠茶》詩中這樣寫道：「金童採得靈芝葉，玉女收將閬苑芽。若是有人知此味，清香勝過趙州茶。」詩中用靈芝葉來比喻茶之葉，用玉女摘收的閬苑芽來比喻茶芽，兩者皆為仙境之物而非凡間所有。閬苑也稱閬風苑、閬風之苑，傳說位於崑崙山之巔，是西王母居住的地方。閬苑在詩詞中常用來指代神仙居住的地方。金童和玉女是侍奉僊人的童男童女，靈芝、閬苑也都是道教中的神話形象。茶的天然純真，讓人們很自然地聯想到道家一直追求的返樸歸真的情趣。

在這小小的篇幅中，作者將茶——夢——道結合起來，茶可以品味，道可以意會，兩者皆難以言傳。而天空沒有留下行跡，四季流轉無聲無息，一切事物都包含在自然之道中，而「道」存在運行於一切之先，是一切運行變化的動力之源。一旦把握住了這「天天之先」的妙道，又何必再求什麼神仙？這段文字讓人聯想到莊周夢蝶，莊子夢見自己變成一隻蝴蝶自由自在飛舞。而楊維楨則是由茶釜中滾沸的沫餑，想到以明月為伴，以星空為友，人、茶、道在夢中渾然一氣，進入仙道的亦幻亦真的飄渺境地。

第三節　「仙茶說」的美學影響

　　道教徒追求長生不死、羽化成仙，所以服食採補、煉丹製藥也就成了他們日常修煉的內容。隨著道教日益深入人心，上至皇帝大臣，下至黎民百姓對道教都有不同程度的信奉。不少文人墨客也信奉甚至加入道士的行列，茶與道教修煉相結合的例子在關於茶的詩詞中也普遍可見。兩者相互結合成爲了文學作品的主角，而像李白這樣加入道士行列的文人也開始出現。

　　李白（701～762），字太白，號青蓮居士，唐朝詩人，詩風浪漫朗逸，素有「詩仙」之稱。在《答族姪僧中孚贈玉泉僊人掌茶並序》中寫道：「常聞玉泉山，山洞多乳窟。仙鼠如白鴉，倒懸清溪月。茗生此中石，玉泉流不歇。根柯灑芳津，採服潤肌骨。叢老卷綠葉，枝枝相接連。曝成僊人掌，似拍洪崖肩。舉世未見之，其名定誰傳。宗英乃禪伯，投贈有佳篇。清鏡燭無鹽，顧慚西子妍。朝坐有餘興，長吟播諸天。」詩中所提到的玉泉寺是一座佛教名寺，位於荊州當陽縣西三十里處。根據《方輿勝覽》的記載：「陳光大中浮屠知顗自天台飛錫來居此，山寺雄於一方。」〔註 33〕後人難以考據詩題中的族姪僧中孚的眞實身份，根據詩意一般認爲其可能是玉泉寺的僧人。而詩《序》中云：「其水邊，處處有茗草羅生，枝葉如碧玉。惟玉泉眞公常採而飲之，年八十餘歲，顏色如桃花。而此茗清香滑熟異於他者，所以能還童振枯扶人壽也。余遊金陵，見宗僧中孚示余茶數十斤，拳然重疊，其狀如手，號爲僊人掌茶。蓋新出乎玉泉之山，曠古未覿。因持之見遺，兼贈詩，要余答之，遂有此作。後之高僧大隱，知僊人掌茶，發乎中孚禪子及青蓮居士李白也。」有學者認爲「這首詩寫了名茶『僊人掌茶』，是名茶入詩最早的詩篇。」〔註 34〕

　　李白在這首詩中用浪漫飄逸的想像力，生動地對玉泉山的茶做了描述，序中所說的《仙經》是「道教修仙之經典也」〔註 35〕，而提到的「採服」也是道教徒修行的常見方式，而洪崖亦作「洪厓」或「洪涯」，傳說是黃帝的臣子伶倫的仙號。晉代郭璞在《遊仙詩》中就曾說：「左挹浮丘袖，右拍洪崖肩」，以此來描繪想像中的神仙居處和生活情態。而詩《序》中所提的飲茶「還童振枯」的作用，是道教徒內心所渴求的修煉目標之一。但提神醒思不是最爲

〔註33〕〔清〕王琦著：《李太白全集》，上海：上海書店影印世界書局舊版，1988 年，第 436 頁。

〔註34〕陳宗懋著：《中國茶經》，上海：上海文化出版社，1992 年，第 610 頁。

〔註35〕李叔還著：《道教大辭典》，杭州：浙江古籍出版社，1987 年，第 72 頁。

重要的，通往神仙之路才是他們珍視茶的原因。

　　皎然是繼李白之後，把道教精神與茶相結合的詩人，甚至對之前的茶詩有了一定的超越。他雖是僧人，但其思想並不限於佛學。皎然（公元 730～799），名晝，俗姓謝，據知其爲南朝宋大詩人謝靈運的第十世孫。《唐才子傳》卷四中對他有這樣的介紹，其「初入道，肄業杼山，與靈徹、陸羽同居妙喜寺。」〔註36〕在年紀上，比同時期的茶聖陸羽年長。他思維通達，個性豁達而活潑，自稱爲「達僧」。他的茶詩被認爲最得茶道之精義，在我國的茶詩中顯得尤爲耀眼。他的茶詩並不完全是受禪宗的影響，而是不同程度地受到儒道禪三家的影響，尤其是道與禪的影響。讀他的詩作常可以看到其與道士交遊的蹤跡，對於道家經典的研究也有所涉及，有嚮往成仙的追求。例如《買藥歌送楊山人》中說：「河間妖女直千金，紫陽夫人服不死。吾於此道復何如，昨朝新得蓬萊書。」而在《步虛詞》中他說：「予因覽眞訣，遂感西城君。玉笙下青冥，人間未曾聞。日華煉精魄，皎皎無垢氛。謂我有仙骨，且令餌氤氳。俯仰愧靈顏，願隨鸞鵠群。俄然動風馭，縹渺歸青雲。」可見皎然並不排斥道教徒的修煉與長生理想，並在《別山詩・序》中形容自己是「禪僧仙師，時得道會」，表明要將「仙」、「禪」兩相融合的意旨。

　　皎然的茶詩讀來飄逸之氣躍然紙上，在對後世的影響比之於李白有所超越。如在《飲茶歌送鄭容》這樣寫道：「丹丘羽人輕玉食，採茶飲之生羽翼。名藏仙府世空知，骨化雲宮人不識。雲山童子調金鐺，楚人茶經虛得名。霜天半夜芳草折，爛漫緗花啜又生。賞君此茶祛我疾，使人胸中蕩憂慄。日上香爐情未畢，醉踏虎溪雲，高歌送君出。」這首詩顯然受道教羽化成仙的影響頗深，使用了相關的道教典故與服食術語。這裡所說的骨化，即是羽化、仙化的意思。骨化這個詞也曾出現在皎然的另一首詩《買藥歌送楊山人》中：「華陰少年何所希，欲餌丹砂化骨飛。」而《飲茶歌送鄭容》的鄭容，雖然難以考證其人，但詩文的內容來看，鄭容應是一位善於烹茶和品茶的道教徒，因而「丹丘羽人」的說法是對鄭容其人的褒揚，而「採茶飲之生羽翼」即是將茶作爲修道成仙的妙藥來看待。

　　可見皎然並非只論佛理，而且對於修道成仙也非常推崇嚮往。這在他的另一首茶詩名作《飲茶歌誚崔石使君》中也可見出，詩云：

〔註36〕辛文房著、舒寶璋校注：《唐才子傳》，鄭州：中州古籍出版社，1987 年，190頁。

越人遺我剡溪茗，採得金芽爨金鼎。素瓷雪色縹沫香，何似諸
仙瓊蕊漿。一飲滌昏寐，情思爽朗滿天地；再飲清我神，忽如飛雨
灑輕塵；三飲便得道，何須苦心破煩惱。此物清高世莫知，世人飲
酒多自欺。愁看畢卓甕間夜，笑向陶潛籬下時。崔侯啜之意不已，
狂歌一曲驚人耳。孰知茶道全爾真，唯有丹丘得如此。〔註37〕

皎然在這首詩中將飲茶的感受，用一飲、再飲、三飲的漸進的體驗進行
描述。詩中提到的「金芽」，是用來形容新採的茶芽，烹煮後顯現出鵝黃的色
彩，鮮嫩而珍貴。「仙瓊蕊漿」更是直接將茶湯視爲仙家推崇的天然之玉液，
與前面的「金芽」、「金鼎」相對應，將茶葉、茶湯與烹茶器具提升到珍貴並
富於仙氣。

一般來說，人們認爲道士以及神仙是不食人間煙火的，通過服飲「瓊漿
玉液」來修仙煉道。這樣的記載較多，例如《拾遺記》中的「薦清澄琬琰以
爲酒」，《十洲記》中的「瀛洲有玉膏如酒，名曰玉酒，飲數升輒醉，令人長
生」，都是強調服食各種天地自然的精華來得道，乃至成仙。而《列仙傳》中
也提到：「赤松子服水玉，以教神農」，屈原的《楚辭》中也有這樣的句子，
例如：「登崑崙兮食玉英」，「吮玉液兮止渴」。信奉道教的君主也常選用玉盤
來盛裝玉液瓊漿，以求長生。這種做法傳到民間，平民百姓也上行下效，將
之傳承下來。《魏書·李預傳》中就有這樣的記錄：「預每羨古人食玉之法，
乃探訪藍田掘得環璧雜器形者大小百餘，預乃椎七十枚爲屑，日服食之，餘
多惠人。」而到了現代，中藥方劑中仍能看到玉石一味。然而古代人們食用
玉的方法，逐漸失去傳承，令後世之人不得其法。唐代的杜甫詩中就說過：「未
識囊中食玉法」，可見唐時人們對於玉石的食用已不太瞭解。

人們推崇和利用玉石養身，與玉的自然屬性有密切聯繫。「飄逸」的氣質
一向是道家所追求的，唐宋之後的人們將「逸品」置於「神品」、「妙品」、「能
品」之上，強調飄逸的美感。人們認爲玉的本質溫潤純潔，猶如「出水芙蓉」
那般出塵脫俗，可以視爲逸品的典範。李商隱曾有：「藍田日暖玉生煙」的詩
句，認爲玉的色澤潤中帶柔，彷彿其中有淡淡煙霧朦朦朧朧。《禮記·聘義》
中對於玉石的精神有這樣的描述，認爲它「氣如白虹，天也；精神見於山川，
地也」。正是由於前人對於玉石的推崇，後世人們更將這種崇敬與喜愛傳承下
來，比如陸機的《文賦》中有：「石韞玉而山輝。」劉勰的《文心雕龍》中提

〔註37〕皎然《飲茶歌誚崔石使君》。

到「珠玉潛水而瀾表方圓」，都是將神姿仙態的飄逸美與玉相聯繫。而將茶視為玉液，本身就帶有仙逸的意味，將其視為與玉相似的具有能令人更接近與神仙的靈物。

　　詩中將飲茶的三層體悟境界描寫得朗暢舒心，為後人所稱道。「滌昏寐」、「清我神」到最後的「得道」，用「情思爽朗滿天地」，「忽如飛雨灑輕塵」，「何須苦心破煩惱」體現而出，由身體的感受漸進到心靈的感悟的三個不同階段，耐人尋味。而在皎然之前，很少有人將飲茶的感受敘說得如此細膩，並將茶與道聯繫在一起，直接提出「茶道」一詞。而在這裡，可以說皎然對於茶的體悟是偏向道家和道教思想的，而不是禪宗思想。因為茶是外物，道家和道教主張外物對於身心修煉有益的理論，尋找併發現可以修道成仙的外物是很平常的做法。而禪宗所強調的是「自性是佛」，不憑藉外物來頓悟，只通過自心去「明心見性」。六祖慧能即是這一思想的代表，在《禪源諸詮集都序》卷上之二中提出「設有一法勝過涅槃，我說亦如夢幻。無法可拘，無佛可作，凡有所作，皆是迷妄。如此了達本來無事，心無所寄，方免顛倒，始名解脫。石頭、牛頭下至徑山，皆示此理，便令心行與此相應，不令滯情於一法上」〔註38〕。還有人認為：「皎然所言的『茶道』就是從佛教的角度假『茶』來說明宇宙萬物的本原、本體的一例。佛教講人的苦惱有 108 個，僧人們讀經、拜佛、打坐無非是為了擺脫這些煩惱。而皎然主張用飲茶的方法來解決問題，以最終使人進入把握了宇宙萬物本原的自由世界。」〔註39〕但事實上，雖說皎然的身份是僧人，他所寫的這首詩明顯受到道教服食說的影響。

　　詩歌後面所提到的「崔石使君」，從官職來看是一位州郡長官，喜愛飲酒而並非是一名推崇飲茶之人。從其中的「意不已」可知是意猶未盡的感覺，認為茶和酒相比，是難以超越酒給人的醉人之感。同樣的，皎然在《九日與陸處士羽飲茶》中寫道：「俗人多泛酒，誰解助茶香」，也是突出酒不如茶對於人的益處佳。作者出於對茶的喜愛，用一首明朗而優美的茶歌來譏誚崔石使君的關於酒的言論。「孰知茶道全爾真，唯有丹丘得如此」，是在感歎一個深諳茶道真諦的人，才能烹出茶的真香，然而也只有精於此術的「丹丘」僊人才能做到吧。

〔註38〕任繼愈著：《漢唐佛教思想論集》之《禪宗哲學思想略論》，北京：人民出版社，1998 年，第 221 至 261 頁。

〔註39〕滕軍著：《中日茶文化交流史》，北京：人民出版社，2004 年，第 220 頁。

　　盧仝的《走筆謝孟諫議寄新茶》一詩為後人所傳唱，其人好茶成癖，詩風浪漫，他說「一碗喉吻潤，二碗破孤悶，三碗搜枯腸，惟有文字五千卷。四碗發輕汗，平生不平事，盡向毛孔散。五碗肌骨清，六碗通仙靈。七碗吃不得也，唯覺兩腋習習清風生。蓬萊山，在何處？玉川子乘此清風欲歸去。山上群仙司下土，地位清高隔風雨。安得百萬億蒼生命，墮在巔崖受辛苦！便為諫議問蒼生，到頭合得蘇息否？」這首詩由於將七碗茶喝下肚的感受描寫得詼諧而精到為人們所喜愛。甚至後世許多茶人將其視為最得中國茶道精髓的代表詩作，並在自己的詩作等文學作品中對詩句進行改寫或提升，影響較大。對於茶的功效和審美愉悅感，在詩中都得到了淺顯爽朗的描述。人們品茶時對於茶所產生的不同領悟層面，也已成為人們的一個參照與衡量的標準。在寄情於茶，融情於茶，忘情於茶的層次中。詩的內容也明顯透露出道教思想的痕跡，其中「蓬萊山」即為道教的十洲三島中的「大島」之一，在《雲笈七籤》卷二十七中，描繪的蓬萊山「乃天帝君總九天之維，貴無比焉。」而文中的「唯覺兩腋習習清風生」，「乘此清風欲歸去」，描寫的正是得道之人御風而行的法力。後面提到的「通仙靈」、「肌骨清」以及「群仙」等說法都帶有濃厚的道教色彩。

　　這首詩偏向於從道教服食的角度，把飲茶的效用和感受作了最大的發揮。詩人也表明了對採茶人的艱辛付出，而茶的這種得之不易的勞苦更突出了茶的仙藥本色，人們也更偏向於仔細體味茶湯帶來的漸進的神奇感受。一層一層，將人們飲茶時的感官知覺、內心感悟、結合自己想像幻覺都描繪了出來，這種感知和體悟的過程，正是道教徒一直嚮往和追求的。這首詩比起前人的茶詩顯得更為全面和細膩，非蜻蜓點水的觸及，敘說地更為深入和徹底。例如李白寫到的「採服潤肌骨」，還是停留在身體感官的層面，而李群玉寫到的「一甌拂昏寐，襟鬲開煩拏」，也未加以深入探究。而皎然寫到「三飲」，不似盧仝的「七碗茶」描述得如此通透盡然。而此後的茶人亦只在此基礎上來使用和讚歎這首詩的語句及精神，難以有更為精妙的說法。如宋代郭祥正在《謝胡丞寄錫泉十瓶》中云：「一啜未能止，七杯誇玉川。兩腋生清風，飛逐蓬萊仙」，以及梅堯臣的《嘗茶和公儀》一詩云：「莫誇李白僊人掌，且作盧仝走筆章」，都是對於盧仝敘述茶與道教精神和意味深表讚同。

　　陸羽不僅是位茶專家，還是位詩人，他習慣於從藝術化審美的視角來觀照茶事活動，因而《茶經》蘊含的文學色彩較為濃厚，不似古時的農業科普

古籍平鋪直敘。以《茶經‧五之煮》中關於茶湯之「沫餑」的描寫爲例,他寫道「沫餑,湯之華也。華之薄者曰沫,厚者曰餑,細輕者曰花。如棗花漂漂然於環池之上,又如回潭曲渚青萍之始生,又如晴天爽朗有浮雲鱗然。其沫者若綠錢浮於水湄,又如菊英墮於罇俎之中。」他用了一連串比喻來形容茶之沫的美好形態,有的像棗花漂在水池表面,有的像青萍漂生在潭渚裏,有的像鱗雲飄蕩在晴空中,有的像綠錢浮蕩於水湄間,有的則像菊花般飄落在罇俎之中。形象生動的描繪可謂是浮想聯翩,整個描述充滿了詩情畫意,可以看出陸羽是以一位詩人的身份在品賞茶。到了宋代,點茶是茶人喜愛的藝術和遊戲的方式,將茶與自然充滿想像力地結合起來。宋初時的陶穀在《荈茗錄》記載了這一技藝,人們在調製茶湯時會憑藉各自的想像力,用湯沫點出自然美景及物象。比如「生成盞」,饌茶時將物象點畫在茶湯的表面,在很小的範圍內表現出物象。

老子說:「致虛極,守靜篤。萬物並作,吾以觀復」〔註40〕虛則能受,靜則能觀。只有「致虛」、「守靜」,克去私欲,使心體回複本性的清明寂靜,然後能不致爲紛雜的外物所擾亂,觀察出萬物演化歸根,最終才能悟道。「虛」,形容心靈空明的境況,喻不帶成見。「致」,推致。「極」和「篤」指極度、頂點。〔註41〕致虛,物之極篤;守靜,物之眞正也。〔註42〕「未若抱樸以全篤實」〔註43〕,「篤」,眞實、樸實。「虛」、「靜」形容心境原本是空明寧靜的狀態,只因私欲的躁動與外界的擾亂,而使心靈蔽塞不安,所以必須時時做「致虛」、「守靜」的工夫,來恢復心靈的清明。在寧靜的氛圍和空靈虛靜的心境中,汲水、舀水、煮茶、斟茶、喝茶這些平凡而簡單的行爲都充滿著詩意的美。當茶的清幽香氛悠然浸潤身心時,人便在虛靜中變得空明,眞切地體會著與大自然相融相樂的愉悅。古往今來,無論是高僧還是雅士,都用「淨靜之心」來品茶味茶。「淨」能纖塵不染,心無雜念;「靜」可觀萬物之變,洞察入微。

莊子的「用志不紛,乃凝於神」〔註44〕,本指對「道」的體認,後被藝

〔註40〕《老子》。
〔註41〕陳鼓應:《老子注釋及評介》,中華書局,1984年版,124頁。
〔註42〕王弼著,樓宇烈校釋:《王弼集校釋》,中華書局,1980年版,35頁。
〔註43〕參閱《老子指略》,王弼著,樓宇烈校釋:《王弼集校釋》,中華書局,1980年版,198頁。
〔註44〕《莊子‧達生》。

術家們作爲審美心理的要領之一而遵從不殆。「坐忘」和「凝神」被神奇地統一於人的心靈層次中，它由深層的「坐忘」──滌除玄鑒，達到專一凝神的心理態勢。袁中道在《爽籟亭記》中深刻地論述了凝神在審美過程中的重要作用，他說：「神愈靜，則泉愈喧也。泉之喧者，入吾耳，而注吾心，蕭然泠然，浣濯肺腑，疏瀹塵垢，灑灑乎忘身世，而一死生。故泉愈喧，則吾神愈靜也。」神愈靜而泉愈喧，泉愈喧而神愈靜，在神情專一中物象紛呈浣淨靈府，從而更增加了心靈「虛靜」的程度。因而，中國的文人士大夫們將「清靜」、「恬靜」作爲理想品性的追求，並將「靜」作爲產生文思和藝術靈感的最佳狀態。因此，道教徒通過心齋、坐忘、上章、化符等方式來達到物我交觸，天人一體的靈感體驗。可以看到，道教的經典中對於神仙的審美化描寫，從神仙們的相貌、形態、仙衣法服以及仙境，都彌漫著飄渺奇幻的感覺。審美想像中的神仙世界逍遙而自由，表現著天地一氣的美。

通過梳理《道藏》中所記載有關對道教神仙的描繪，可以看出在道教徒心中，美即是仙。他們非常重視用飄渺夢幻的仙境來進行描述，並且注重以藝術化的描寫和想像來表現仙境之美，這就使得仙的追求和塑造本身就有著審美化的表達。而從審美的結構來看，仙境與神仙都具有神聖和逸美的特質，將想像與感官緊密結合，既有著神聖的氣質也有現實的表象，將兩者自然融合成一體。通過人的神聖體驗，凝聚成各種不同想像，映像在人們內心世界之中，形成道教獨有的飄逸奇幻的美感。

莊子在《天道》中提出：「休則虛，虛則實，實則備矣。虛則靜，靜則動，動則得矣。靜則無爲，無爲也則任事者責矣。無爲則俞俞，俞俞者憂患不能處，年壽長矣。夫虛靜恬淡寂漠無爲者，萬物之本也。」內心停歇了就自然空明，空明了才能得以充實，充實便能完備。心境空明後便得清靜，清靜後有所行動，如此行動便能無所不得。清靜無爲，才能讓事物各司其責。無爲就能安逸泰然，安逸泰然就不會被憂患所煩擾，年壽才能長久。而虛靜、恬淡、寂寞、無爲，才是萬物的本原。「適來，夫子時也；適去，夫子順也。安時而處順，哀樂不能入也，古者謂是帝之縣解」〔註 45〕。正該來時便來，正該去時便去。安心適時而順應變化，哀樂的情緒就不能侵入心中。古時候把這稱之爲解除倒懸。成玄英《疏》：「帝者，天也。……天然之解脫也」〔註 46〕。

〔註 45〕《莊子·養生主》。
〔註 46〕陳鼓應注譯：《莊子今注今譯》，商務印書館，2007 年 7 月，第 125 頁。

人們只有放棄思慮，放棄追問，效法聖人的「達於情而遂於命」，才能夠達到「愚故道，道可載而與之懼」的境界。

　　據《漢書·藝文志》載：「神仙者，所以保性命之真，而遊求於外者也。」也就是說，所謂的神仙，是可以長生不死，而游離於紅塵之外的人。那麼神、仙是不是一樣的呢？也不是，如果細緻劃分，「神」與「仙」又有所不同。「神」一般是指那些天地未分之時的先天真聖，如三清、四御、南辰北斗諸星辰等。「仙」則是指天地開闢以後，得道成仙的僊人以及地方神靈。由於「神」是先天存在的，並且有天地的封誥，所以能在神仙世界裏擔任或大或小的官職，而「仙」是後天「得道」成仙的，只能夠長生不老，在神仙世界中不管事，生活非常逍遙自在，當然偶而也管一點紅塵中的事情，如民間傳說的中八仙等。

第三章　「茶德說」──茶道中的品德之美

　　陸羽在《茶經・一之源》中說：「茶之為用，味至寒，為飲最宜精行儉德之人」，認為茶飲最適宜的是具有品德儉樸、行為精進的人，由此將茶與飲茶之人的品德相聯繫。用茶所具有的特質來褒揚人的德性之美成為了文人墨客的靈感之源和道德追求。

第一節　關於「茶德說」

　　《晉書》記載：「桓溫為揚州牧，性儉，每宴飲，惟下七奠拌茶果而已。」用桓溫以茶宴客的事例，來說明其品性儉樸。唐代的劉貞亮在《茶十德》中擴展了「茶德」的內涵，主張「以茶散鬱氣，以茶驅睡氣，以茶養生氣，以茶除病氣，以茶利禮仁，以茶表敬意，以茶嘗滋味，以茶可行道，以茶可雅志」，其中的利禮仁，表敬意，可行道，可雅志，在談論飲茶的益處之後，更強調了人的品德修養，將茶之德與人之德相聯繫。「以茶比德」正是我國傳統文化中的比德觀念在茶文化中的表現，要瞭解茶德說及其與美學的關係，就有必要先來瞭解什麼是「比德」及其在美學中的地位和影響。

一、「比德」觀

　　在我國古代社會，原始氏族以血緣關係為基礎的制度與風習延存下來，使得政治法律關係也以基於血緣關係的上下尊卑的倫理道德關係為根本。從

而，道德被看作是人們所天然具有的情感要求和品格追求。德，升也，本義是登高、攀登。在《說文解字》中作「悳」，解釋為「外得於人，內得於己也。從直從心」。段玉裁在《說文解字注》說：「內得於己，謂身心所自得也；外得於人，謂惠澤使人得之也。」《說文通訓定聲》中說：「外得於人者，恩惠之惠。內得於己者，道惠之惠」認為「德」有內外兩方面的涵義，一方面對內有所自得，另一方面對外使人有所得。「皇天無親，唯德是輔」〔註1〕周初統治者們強調「德」的地位，將德作為周代宗教、政治、道德體系的核心部分，認為用「德教」的方式可以有效地引導民眾達到輔佐朝政的作用。可以說，我國古代以「禮樂教化」為核心觀念，以「德治」作為最理想的政治追求，並通過「樂教」、「禮教」等途徑進行具體實施，主張以禮樂來教導國人成為「直而溫，寬而栗，剛而無虐，簡而無傲」的有德之人。而「為政以德，譬如北辰，居其所而眾星拱之」〔註2〕，是說為政有德。人們會如眾星旋繞北辰那樣擁戴他。《易‧繫辭》指出：「一陰一陽之謂道。」認為天地有陰有陽才有了道，並指出道有「天道」、「地道」和「人道」。「道」與「德」的關係又如老子在《道德經》五十一章說的：「道生之，德畜之」，「萬物莫不尊道而貴德。」認為「道」使萬物生長，「德」使萬物蓄養；萬物沒有不尊崇「道」而珍貴「德」的。《管子‧心術》中說：「德者，道之舍」，主張「德」是「道」的房屋，「德」的核心是「道」，「道」在表現在具體事物之上是「德」。因此，《易‧乾‧文言》力倡君子應「進德修業」。

一般認為，「比德」一詞最早出現在《尚書‧洪範》中：「凡厥庶民，無有淫朋，人無有比德，惟皇作極。」這裡的「比德」意指結黨營私的不良德行。逐漸地，「比德」一詞才用來比擬人們美好的品德，最初與詩中的「比興」相連。《晉書‧張天錫傳》〔註3〕中的一段記載很好地說明了比德的實質與目的：

> 天錫數宴園池，政事頗廢。蕩難將軍、校書祭酒索商上疏極諫，
> 天錫答曰：「吾非好行，行有得也。觀朝榮，則敬才秀之士；玩芝蘭，
> 則愛德行之臣；睹松竹，則思貞操之賢；臨清流，則貴廉潔之行；
> 覽蔓草，則賤貪穢之吏；逢飆風，則惡凶狡之徒。若引而申之，觸
> 類而長之，庶無遺漏矣。」

〔註1〕 《左傳‧僖公五年》引《周書》。
〔註2〕 《論語‧為政》。
〔註3〕 《晉書‧張天錫傳》。

　　兩晉時期的前涼後主張天錫即位之後，常常喜愛置宴於園池之中，導致政事偏廢。面對進諫臣總回答說，自己是並不是只是玩樂而已，而是行有所得的。觀朝榮則會敬仰才華優秀之士，賞玩芝蘭則會愛護德行兼備之臣，凝視松竹則想起貞操之賢德，在清澈的流水邊則感到廉潔之行的珍貴，看到蔓草叢生則賤貪穢之吏，遇到飆風則厭惡凶狡之徒。如果再引申開去，觸類旁通，那麼就沒有遺漏了。歷史上記載張氏家族精通儒學，因此張天錫能以「比德」的觀念為自己遊樂廢政的行為辯解也就不足為奇了。「行有得」的說法即在行樂園池的過程中得到道德反思和提示，故錢鍾書先生說：「文過之遁詞，全同勸善之法語，皆『德法自然』也」〔註4〕， 認為文過飾非的逃遁至此，就如果勸善的法語一樣，說起來都是師法自然之德的。漢代學者劉向也在《說苑・雜言》中說：「君子上比，所以廣德也，下比，所以挾行也。比於善，自進之階也；比於惡，自退之原也。」明確指出君子比德的目的是為了進德修業，在師法自然的過程中提升自身品德。而在「比德」這一方式的觀照中，「德」成了人與自然共通的契合點，通過比擬於「德」，人與自然達成了合一。正所謂是「寄情萬物，皆以養德」〔註5〕，比德使自然物象變成了形象化的「德則」，通過比德的方式來觀照自然，獲得了精神上的激勵和道德上的提示，達到了「正德」的目的。

　　最早用比德的方式來比擬君子的美好品德的是儒家，比較突出的是以山水和玉來作為參照對象。孔子說「知者樂水，仁者樂山；知者動，仁者靜；知者樂，仁者壽。」〔註6〕通過觀察發現了智者與水、動、樂，仁者與山、靜、壽，兩組相似相通的特性，所以用山和水來比擬仁者和智者，認為智者喜愛水，仁者喜愛山；智者靈動，仁者安靜，智者快樂，仁者長壽。以山水比擬君子之德的方式，經由其他學人的闡發得以進一步具體化。例如，荀子對君子見水必觀的記載：

　　　　如孔子觀於東流之水。子貢問於孔子曰：「君子之所以見大水必觀焉者，是何？」孔子曰：「夫水大，遍與諸生而無為也，似德；其流也埤下，裾拘必循其理，似義；其洸洸乎不湿盡，似道；若有決

〔註4〕 錢鍾書著：《管錐編》，北京：中華書局，1986 年版，第 932 頁。
〔註5〕 唐君毅著：《中國文化之精神價值》，桂林：廣西師範大學出版社，2005 年，第 218 頁。
〔註6〕 《論語・雍也》。

行之，其應佚若聲響，其赴百仞之谷不懼，似勇；主量必平，似法；

盈不求概，似正；淖約微達，似察；以出以入，以就鮮絜，似善化；

其萬折也必東，似志。是故君子見大水必觀焉。〔註7〕

君子之所以見大水必觀的原因，孔丘的回答是認為這是由於水的特性「似德」、「似義」、『似道』、「似勇」、「似法」、「似正」、「似察」、「似善化」、「似志」，正是君子所嚮往和追求的品德。而漢代學者劉向在《說苑・雜言》又進一步作了修正和發揮，認為水具有「似德」、「似仁」、「似義」、「似知」、「似勇」、「似察」、「似禮」、「似善化」、「似正」、「似度」、「似意」等可與君子相比擬的精神品格，所以樂於君子觀水。《尙書大傳》卷六中對於「仁者樂山」的說法也有記載，孔子認為「萬物賴山以成，百姓賴山以殖，此仁者之所以樂於山也」，君子也是這樣，有著給予人們可信可靠的品德。而以玉比德的方式也很有代表性，爲人們所熟知的是《荀子・法行》篇：

子貢問於孔子曰：「君子之所以貴玉而賤瑉者，何也？爲夫玉之少而瑉之多邪？」孔子曰：「惡！賜！是何言也！夫君子豈多而賤之，少而貴之哉！夫玉者，君子比德焉。溫潤而澤，仁也；栗而理，知也；堅剛而不屈，義也；廉而不劌，行也；折而不撓，勇也；瑕適並見，情也；扣之，其聲清揚而遠聞，其止輟然，辭也。故雖有瑉之雕雕，不若玉之章章。《詩》曰：『言念君子，溫其如玉。』此之謂也。〔註8〕

《說文解字》中對玉的解釋爲「玉，石之美者，有五德，潤潤澤以溫，仁之方也；腮理自外，可以知中，義之方也；其聲舒揚，專以遠聞，智之方也；不撓而折，勇之方也；銳廉而不忮，潔之方也。」。此外，《管子・水地篇》、《禮記・聘記》也有孔子論玉的記載，對玉的定義都大同小異。後人將古代典籍中對玉的定義概括爲如下五條特徵：溫潤、紋理細膩、內外一致、聲音清脆美好、裂而不傷人。孔子認爲君子以玉爲貴的原因是由於玉具有「仁」、「智」、「義」、「行」、「勇」、「情」等特性，玉質剛柔兼濟，璧形圓滑對稱，玉聲典雅和諧，都可稱得上「中和之美」。這種「中和」的審美觀本是建立在儒家「中庸之道」的哲學基礎之上的。孔子主張「和爲貴」、「過猶不及」，最好是「適中」。而君子如玉一樣剛強、正直而不失溫和含蓄，表裏如

〔註7〕 《荀子・宥坐》。

〔註8〕 《荀子・法行》。

一，即使遭受迫害也絕不傷害別人，體現了儒家所褒揚的高尚道德情操。而後來的學人也有進一步的發揮，如董仲舒《春秋繁露》：「公侯贄用玉，玉潤而不汙，至清潔也，故君子比之於玉。玉有瑕穢，必見於外，故君子不隱所短。」「君子比之玉，玉潤而不汙，是仁而至清潔也；廉而不殺，是義而不害也。」楊雄《法言》：「或問君子以玉，曰純綸溫潤，柔而堅玩而廉，隊乎其不可形也」，都是將玉的美與儒家的君子之德相映襯，視玉為珍貴之物。因此，《禮記‧玉藻》云：「君子無故，玉不去身，君子於玉比德焉。」玉就好比是君子的道德品質的象徵，一般情況下君子是玉不離身的。

當「德」與詩樂聯繫在一起之後，便逐漸成為中國美學經常討論的議題，而到了春秋時期，「德」更成為衡量文學藝術之美的重要標準。公元前 544 年，吳國季術在魯國觀賞周樂，他見舞《韶》而歎為「觀止」，贊美其「德至矣哉」〔註 9〕就是以「德」來作為衡量詩樂之美的標準。春秋戰國時期百家爭鳴的局面出現，儒、墨、道、法各家分別對「德」有所探討，儘管各自都建立起了關於「德」的理論，但只有儒家把關於「德」的看法直接運用於文學藝術的領域，並將「德」作為考量美與不美的首要標準，使之成了一個重要的美學範疇。例如孔子說：「有德者必有言，有言者不必有德。」〔註 10〕又說：「人而不仁如樂何？」〔註 11〕把道德修養與言辭文學、音樂舞蹈聯繫起來，認為有道德修養的人一定會在言辭文學上有所造詣，而沒有仁的胸懷的人是難以從事文學藝術活動的。因此，在儒家關於「德」的審美理論的影響之下，形成了「比德」說。

「『比德』說的基本特點是將自然物象的某些特徵與人的道德觀念、精神品格相比附，使自然物象的自然屬性人格化、道德化，成為人的精神擬態，成為人的道德觀念的形象圖解和物化準則。這樣，觀照自然的過程，就成為觀照主體的道德觀念尋求客體再現與確證的過程。人們就會在觀照自然的過程中獲得精神暗示和道德意會，『在對自然的師法中戮力勵行，提升品德』〔註 12〕」〔註 13〕「比德」不僅是人們偏愛自然的審美觀，而且是關乎人們倫理道

〔註 9〕 《左傳‧襄公二十九年》。

〔註 10〕 《論語‧憲問》。

〔註 11〕 《論語‧八佾》。

〔註 12〕 傅道彬著：《歌者的樂園》，哈爾濱：東北林業大學出版社，1996 年版，第 4 頁。

〔註 13〕 付軍龍著：《比德於眾禽——也論中國古代的「比德」觀》，《北方論叢》，2007 年第 4 期。

德的審美觀，比德的過程是欣賞自然造化之美的過程，同時也是人們師法自然和修身養德的過程。

美學意義上的「比德」說，對我國文學藝術產生了深遠的影響。大自然中的松梅竹菊、鳥獸蟲魚、山川流水，不僅被賦予了人的意識和情感，而且不少自然之物成了一種品德的象徵。比如松柏象徵堅貞傲立的品德，蓮花象徵著出污泥而不染的情操，而梅、蘭、竹、菊由於各自不同的特性被比喻爲「四君子」。如王國維在《此君軒記》中論竹：「竹之爲物，草木中之有特操者，與群居而不倚，虛中而多節，可折而不可曲，凌寒而不渝其色……其超世之致與不可屈之節，與君子爲近，是以君子取焉」竹子是草木中有節操的代表，群居卻不依賴，中空而多竹節，可以折斷卻不可以彎曲，在寒冷的季節也不變色……它超塵出俗的韻致和不屈的節操與君子相近，因而可以與君子相比擬。管仲也曾用「禾」來比於君子之德：「苗，始其少也，眴眴乎何其孺子也！至其壯也，莊莊乎何其士也！至其成也，油油乎茲俯，何其君子也！天下得之則安，不得則危，故命之禾。此其可比於君子之德也」〔註14〕東漢王逸《離騷經序》總結屈原的藝術經驗時說：「《離騷》之文，依詩取興，引類譬諭。故善鳥香草，以配忠貞；惡禽臭物，以比讒佞；靈修美人，以媲於君，宓妃佚女，以譬賢臣，虯龍鸞鳳，以託君子；飄風雲霓，以爲小人。」認爲《離騷》是用比興和引類譬喻的方式來創作，因而用善良的鳥兒、清香的花草，來比喻忠貞；用兇惡的禽獸等物，來比喻讒佞，用美人來比於國君，用妃子侍女來比於賢臣，用龍與鳳來託喻君子，用雲與霓來託喻小人，這是美學上的「比德」說在文學創作上的運用。

從繪畫看，道濟和尚在《苦瓜和尚畫語錄・資任章》中也說過：「山之蒙養也以仁，……山之拱揖也以禮，山之紆徐也以和，山之環聚也以謹，山之虛靈也以智，……」，「夫水，汪洋廣澤也以德，卑下循禮也以義，潮汐不息也以道，決行激躍也以勇，瀠洄平一也以法，盈遠通達也以察，沁泓鮮潔也以善，折旋朝東也以志」，認爲「古之人寄興於筆墨，假道於山川」。這可以說是以山水比擬品德表現在繪畫理論中的例子。

以上是關於「德」以及「比德說」的涵義與運用的介紹，下面來看茶與德的關係，以便進一步瞭解茶德說。

〔註14〕《管子・小問》。

二、以茶比德

陸羽稱「茶為南方之嘉木」，與文中的「精行儉德」相照應，使得茶具有了人的品德。戰國末期楚國的屈原在《楚辭》第八章的《橘頌》中有「后皇嘉樹」之說，以「嘉」來稱頌植物，或以某類植物的特性來比擬美人、君子之性的傳統，即後人所說的「香草美人」的修辭方式，其實也就是比德說的運用。陸羽寫茶之嘉美，一方面體現了茶對於人身心的功用，另一方面褒揚了茶的自然屬性中有著與人相似的美好品德。

唐朝的劉貞亮在《茶十德》中所提到的「利禮仁」、「表敬意」、「可雅志」、「可行道」這四德便是與茶人的精神品德修行相關的，並且符合儒家思想的要求，有利於社會秩序的穩定，也是與唐代統治階級普及飲茶的政治目的相一致。這裡所說的「可行」之「道」，是指道德教化的意思。劉貞亮原名俱文珍，曾任宣武監軍。性情忠直堅強，也頗識義理。德宗貞元末期，他成了宦官首領，一些握有兵權的宦官都依附於他。因常在皇帝左右侍候，對朝廷的政治事務較為熟悉，往往容易從社會需要的角度來考慮問題。因此，我們不妨說劉貞亮是以政治家的眼光來看待品茶的。他認為飲茶的好處之一是有助於社會道德風尚的培育，明確地將茶的道德功用提升到最高層次，可視為唐代茶道精神的最高概括。兩晉南北朝時，茶從貴重物品逐漸轉變為日常飲料。接待賓客時上茶是一種禮儀的表現，一部分士大夫把茶作為清廉、勤儉、修身養性的象徵，這些「以茶養廉」精神對唐代陸羽的茶道精神產生了很大的影響。隋唐時期是飲茶文化大眾化、普遍化的時期，飲茶不僅僅局限於特定社會階層，在一般平民百姓中也作為日常飲料得到了普及。

《晉中興書》中記載：「陸納為吳興太守，時衛將軍謝安常欲詣納，納兄子俶怪納，無所備，不敢問之，乃私蓄十數人饌。安既至，所設唯茶果而已。俶遂陳盛饌珍羞必具，及安去，納杖俶四十，云：『汝既不能光益叔父，柰何穢吾素業？』」陸納在任吳興太守時，衛將軍謝安常想拜訪陸納。陸納的侄子陸俶奇怪他沒什麼準備，但又不敢詢問，便私自準備了十多人分量的菜肴。謝安來後，陸納僅僅用茶和果品來招待。於是陸俶就擺上豐盛的佳餚，各種精美的食物都有。等到謝安走後，陸納打了陸俶四十杖，說道：你既然不能給叔父增光，為什麼還要跑來玷污我的素樸操守呢？《茶經·七之事》中也記有：「南齊世祖武皇帝遺詔：『我靈座上慎勿以牲為祭，但設餅果、茶飲、乾飯、酒果脯而已。』」作為南朝的皇帝，只將餅果、茶、乾飯即酒脯作為自

己的祭品，強調一定不要用牲畜作爲祭品，可見其示儉之心。

中國明代後期思想家李贄〔註15〕酷愛飲茶，曾寫過一篇與茶相關的文章名爲《茶夾銘》：「我老無朋，朝夕唯汝。世間清苦，誰能及子？琢日子飯，不辯幾鍾。每夕子酌，不問及許。凤興夜寢，我與子終始。子不姓湯，我不姓李。總之一味清苦到底。」說的是李贄對茶的喜愛與褒揚，將茶視爲自己的朋友，朝夕與茶相伴，感歎世間的清苦之味比不上茶。通過資料記載可知，李贄26歲鄉試舉人，30歲起做了二十多年的冷官。雖不受重用，他卻一生堅持爲官清廉，任滿時仍兩袖清風。對於假道學深惡痛絕，義無反顧地選擇了自己反叛封建社會的人生道路，終以「敢倡亂道，惑世誣民」罪名，被捕入獄，其幾乎所有著述被當政者「盡搜燒毀」，並最終被迫自刎於獄中。極力宣導「童心」與「邇言」，推崇「絕假純眞」的「童心自出之言」，強調「自然宣暢」之美，是中國歷史上反封建傳統、反封建禮教、反權威主義，主張個性解放、思想自由的思想先驅之一。他終生嗜茶，須臾不離，這使得他不僅習慣了茶的清苦，更以身踐行，以茶之清苦來修養自身。一生將茶視爲自己的摯友，通過吃茶來思考人生世事，甚至到了「不可一日無此君」的程度。到了這樣的境界，使得李贄對於茶之德的理解，產生了極致的熱愛。「即如《茶夾銘》，則能以其新穎獨特的審美感悟而謳歌茶性的清苦之美，從而直抒胸臆，表達了茶的自然之性與作者的自我之性的契合。從《茶夾銘》中，我們可以知道，李贄相當瞭解茶的特性：清苦。清苦，便是茶的本性。」〔註16〕用茶之清苦來比喻自身的清白和憂苦，用茶來鞭策自身品德的修煉。「以茶陶冶性情，於憂憤中尋求自拔，以歌頌茶的情性來抒發個人的襟懷。借茶喻己，以茶雅志。這與魯迅先生「世味秋茶苦」的感慨有異曲同工之處，而著名詩人聞一多則唱出了「我的糧食是一壺苦茶」的詩句，更道出了對於茶的崇高禮贊。」〔註17〕都同樣道出了茶本然具有的特性與儒家之德的共通之處，強調茶之德彰顯了中國文人的精神品德追求與風骨。

人們說，水爲茶之母。清列甘美的水能激發融合茶性，使茶的色、香、味、形都展現得更爲完全，因此取水之道一直是備受重視。明代田藝蘅對於

〔註15〕李贄（1527～1602）初姓林，名載贄，後改姓李，名贄，字宏甫，號卓吾，又號溫陵居士。李贄爲泰州學派的一代宗師，創始人是中國明代學者王艮，屬陽明學派的分支，被稱爲「左派王學」。
〔註16〕何融融、郭柯柯著：《解讀〈茶夾銘〉》，農業考古，2010年10月版。
〔註17〕同上。

煮茶之水進行過深入的品鑒與研究，著有《煮泉小品》一文。文章在對天下之水進行一一介紹之後，詩人蔣灼爲其作跋，兩人將水品與人德相比擬，對於瞭解「茶德說」也有一定幫助。《煮泉小品》中寫道：

> 子藝作泉品，品天下之泉也。予問之曰：「盡乎？」子藝曰：「未也。夫泉之名，有甘、有醴、有冷、有溫、有廉、有讓、有君子焉。皆榮也。在廣有貪，在柳有愚，在狂國有狂，在安豐軍有呰，在日南有淫，雖孔子亦不飲者有盜，皆辱也。」予聞之曰：「有是哉，亦存乎其人爾。天下之泉一也。惟和士飲之則爲甘，祥士飲之則爲醴，清水飲之則爲冷，厚土飲之則爲溫；飲之於伯夷則爲廉，飲之於虞舜則爲讓，飲之於孔門諸賢則爲君子。使泉雖惡，亦不得而汙之也。惡乎辱？泉遇伯封可名爲貪，遇宋人可名爲愚，遇謝奕可名爲狂，遇項羽可名爲呰，遇鄭衛之俗可名爲淫，其遇跖也，又不得不名爲盜。使泉雖美，亦不得而自濯也，惡乎榮？」子藝曰：「噫！予品泉矣，子將兼品其人乎？」〔註18〕

詩人蔣灼以自己與田藝蘅的對話內容爲《煮泉小品》做跋，通過兩人的交流可以得知田藝蘅爲了茶之母——水，而品鑒天下之泉，雖未完全品盡，卻得出了水品也如人品一樣各有千秋。他認爲泉水的美名有因具有甘、醴、冷、溫、廉、讓、君子等品性而得來，這是品質優良的泉水。蔣灼聽了田藝蘅的言論後有感而發，認爲品泉就如同考量人的德行是一樣，天下的泉水沒有實質性的差異，但是要看品鑒它們的人自己的品德如何。和士品飲它會覺得回甘，祥士品飲它會覺得甜美，清純的泉水固然滋味寒冽，有泥土味的泉水滋味也溫和。對於像伯夷那樣的人品飲的泉水可以說是有廉潔之德；對於像虞舜那樣的人品飲的泉水可以說是有謙讓之德，孔門諸位賢人所品飲的泉水則可以說是有君子之德。泉水即使品質不那麼好，也不會自己污染自己，只有品德不好的人的品飲才有辱於它們。泉水遇到伯封那樣的可以得名爲貪婪，遇到宋人那樣的可以得名爲愚昧，遇到謝奕那樣的可以得名爲粗狂，遇到項羽那樣的可以得名爲呰呰逼人，遇到鄭衛那樣輕俗的可以得名爲淫逸，遇到盜跖那樣的只能得名於盜。所以泉水品質雖美，卻不可以自己將自己清洗潔淨。究竟是得惡名還是美名？田藝蘅聽到蔣灼將水品與人德想關聯的想

〔註18〕 〔明〕田藝蘅撰《煮泉小品》，選自朱自振、鄭培凱主編《中國歷代茶書彙編》校注本，香港：商務印書館，2007年版，第194頁。

法後，表示讚同。跋作爲後序、題後，實際是對於序的補充，所以一般都更爲簡勁峭拔，不像序那樣詳細豐富。而田藝蘅是田汝成之子，《明史》卷二八七《文苑傳》記載說：「性放誕不羈，嗜酒任俠。以歲貢生爲徽州訓導，罷歸。作詩有才調，爲人所稱。」雖然才華橫溢卻「七舉不遇」，郁郁不得志遂放浪西湖，優遊於山林之中。

通過以上對於比德說的梳理分析以及茶與德相比附的例證，對於「茶德說」有了大致的瞭解。由於「茶德說」的影子散見在文學藝術作品中，因此選取其中最有代表性與表現最爲集中的《葉嘉傳》進行深入分析。

第二節 以《葉嘉傳》爲例

宋代大文豪蘇軾的《葉嘉傳》，是目前所知的第一篇以茶爲題材的紀傳體作品。紀傳體的文章長於展示故事情節，刻畫人物特點，相比於其他體裁的文學作品更爲生動。在《葉嘉傳》一文中，蘇軾運用了詩人豐富的想像力，化茶爲人，將葉嘉成功地塑造爲一個個性鮮明、品德高尚的人物形象。爲葉嘉立傳，也是爲茶立傳，也可以說是爲茶人立傳。將葉嘉的性格品行與茶的天然特點描繪得相得益彰，可敬可愛的形象躍然紙上，是「茶德」運用中的代表作。

一、蘇軾與茶

蘇軾（1037－1101），字子瞻，號東坡居士，北宋著名的文學家、書畫家，與其父蘇洵，其弟蘇轍是歷史上著名的「三蘇」。蘇軾學識淵淵博，詩、書、文、畫、詞都有極高造詣。他在文學藝術方面堪稱全才，爲世人景仰。文風汪洋恣肆，明朗暢達。其中，詩作清新豪健，善用誇張比喻；詞風也是豪放不拘，個性鮮明。書法擅長行書、楷書，別具新意，用筆豐腴跌宕，有天眞爛漫之趣，與黃庭堅、米芾、蔡襄並稱宋四家；作畫喜愛枯木怪石，尤善繪竹，論畫主張神似。詩文有《東坡七集》等，詞有《東坡樂府》。

縱觀蘇軾的人生，可謂是跌宕起伏。神宗時曾任祠部員外郎，知密州、徐州、湖州。因在返京的途中見到新法對普通老百姓的損害，又因其政治思想保守，不同意參知政事王安石的做法，認爲新法不能利民，便上書反對。這樣做的一個結果，便是像他的那些被迫離京的師友一樣，不容於朝廷。於

是蘇軾自求外放，調任杭州通判。因一直反對王安石新法，累遭貶謫。其間任翰林學士，出知杭州、穎州，官至禮部尚書。後又貶謫惠州、儋州。北還後，病死於常州，追諡文忠。

　　據史書記載，蘇軾在杭州任職三年，之後被調往密州、諸城、徐州、湖州等地任知州縣令，因政績顯赫而深得民心。蘇軾到任湖州之後，因人故意扭曲他的詩句，認爲他是以諷刺新法爲名而作，當政者以「文字譏謗君相」的罪名將其拘捕入獄，史稱「烏臺詩案」。獄中幾次面臨被處死的危急境地，因北宋時期太祖趙匡胤定下的不殺士大夫的國策才逃過生死劫難。之後，蘇軾被降職爲黃州團練副使的低微職位，此時的蘇軾已心灰意冷，非常抑鬱苦悶。到任後，曾多次到黃州城外的赤壁山遊覽，寫下了《赤壁賦》、《後赤壁賦》和《念奴嬌·赤壁懷古》等千古名作，以此來寄託他謫居時的心情。公務並無實權，閑時便帶家人開墾城東的一塊坡地補貼生計，自取別號「東坡居士」。

　　蘇軾一生愛茶惜茶，在種茶、品茶以及論茶諸多方面都有自己的心得，稱得上是文人士大夫中眞正意義上的茶人。他才華卓越出群，卻幾番慘遭排擠以致顚沛流離，仍始終灑脫率性、不向命運低頭，坦然面對人生的困境。無論其身處何方都保持心泰神寧，談笑如常，這種精神顯然得益於他對於儒釋道三家精義的熟諳貫通，同時也要得益於他對茶的依戀與癡迷。從蘇軾的著述中可以讀到大量的茶文、茶詩、茶詞、茶聯、茶話，這些作品不是簡單地只爲個人生活消閒享受而忘情山水，而是交織著他的情感、思想境界、政治理想與人生觀。蘇軾對於茶葉的挑選、水質的品鑒、器皿的選擇、煎茶之法等都頗有鑽研，對於飲茶之道的造詣極深。曾寫過一首著名的《試院煎茶》：「蟹眼已過魚眼生，颼颼欲作松風鳴。蒙茸出磨細珠落，眩轉繞甌飛雪輕。銀瓶瀉湯誇第一，未識古今煎水意。君不見，昔時李生好客手自煎，貴從活火發新泉。又不見，今時潞公煎茶學西蜀，定州花瓷琢紅玉。我今貧病常苦饑，分無玉碗捧娥眉，且學公家作茗飲，磚爐石銚行相隨。不用撐腸拄腹文字五千卷，但願一甌常及睡足日高時。」詩歌對於烹茶、茶具及內心感受的描寫信手拈來、一氣呵成，是爲行家裏手之作。對於煮茶時茶水的沸騰之樣態進行了生動細緻的描述，蟹眼和魚眼均是用來形容茶水沸騰時的火候，茶末研磨細膩，茶水碧如玉珠，一層沫餑在杯裏輕轉，猶如潔白的飛雪一般，雖然用銀質的茶瓶來倒茶是最好的，

卻沒有了然從古至今烹煎茶水的眞意。古時好客的李生親自煎茶，貴在用道了活火和新泉，當時的潞公煎茶學習的是西蜀的方法，選用的是定州出產的雕琢有紅玉的花瓷。如今的自己貧病交加常食不果腹，分茶沒有玉碗，只好學著公家用磚爐石銚來製作茗飲。不用搜腸刮肚想著文字五千卷，只願喝上一杯清茶睡到日上三竿。這首詩道出了蘇軾烹茶的清趣，也將茶對其心靈的撫慰展現出來。

東坡對茶滿懷深情，在其《次韻寄壑源試焙新茶》中記有「戲作小詩君勿笑，從來佳茗似佳人」，認爲好茶如同美人一般天生麗質，自然美好，發自內心的喜愛之情溢於言表。「春濃睡足午窗明，想見新茶如潑乳」〔註19〕，「沐罷巾冠快晚涼，睡餘齒頰帶茶香」〔註20〕。因爲愛茶，才具有對茶獨特的感受。在起睡坐臥中，清醒與迷醉之時，悠閒與忙碌中，賦詩與繪畫之時，都離不開茶的陪伴。蘇軾任杭州通判時，喜愛去惠山遊歷，後來任湖州太守，又與秦觀、僧參寥同遊惠山。他在《遊惠山》寫道：「豈如山中人，睡起山花發。一甌誰與共，門外無來轍。」烹茶品茶於山林中，放達悠閒。要像山裏的人一樣，睡到山花盛開。《宋稗類鈔》上記載說惠山泉「頃歲亦可致於汴都，但未免盆盎氣。須用細沙淋過，則如新汲。時號拆洗惠山泉。天台竹瀝水，出於高岩。寺僧斷竹梢屈而取之。若雜以他水，甌敗。蘇才翁與蔡君漠鬥茶。蔡茶精，用惠山泉。蘇劣，用竹瀝水煎，方能取勝。〔註21〕這則筆記故事記錄了蘇軾與蔡襄鬥茶的情形，可見其愛茶之深。蘇軾在《汲江煎茶》一詩中也描寫了有茶陪伴的悠閒適意：「活水還須活火烹，自臨釣石取深清。大瓢貯月歸春甕，小杓分江入夜瓶。雪乳已翻煎處腳，松風忽作瀉時聲。枯腸未易禁三碗，坐聽荒村長短更。」自汲江水，岸邊煎茶，明月映甕，松風瀉瓶，加上不遠處傳來斷續更聲，此種情調又豈是官宅、書齋中啜飲所能享有。詠茶詩大都繪聲繪色，情趣盎然。蘇軾作爲典型的學而優則仕的文人，希望居於廟堂，實現「致君堯舜」的理想來造福於百姓。然而經歷一次次打擊之後，面對昏潰的朝政失望之極，從而嚮往清淨出世的日子，去享有快意逍遙的平淡。而清新出塵的茶是集山水雨露之靈於一身的君子，是蘇軾平復其內心憂悶不得志的一劑良藥。

〔註19〕《越州張中舍壽樂堂》。
〔註20〕《留別金山寶覺圓通二長老》。
〔註21〕潘永因著：《宋稗類鈔》，北京：書目文獻出版社，1985年版，第689頁。

　　用茶詩來表達個人的品德，也是蘇軾茶詩的一大題材。《寄周安孺茶》是其所作最長的一首茶詩，在詩中這樣描寫茶：「有如剛耿性，不受纖芥觸。又若廉夫心，難將微穢瀆。……如今老且嬾，細事百不欲。美惡皆兩忘，誰能強追逐。」〔註22〕在詩中他讚揚了茶所具有的高貴品格及高雅風度，以茶性喻人德，將茶的君子氣節及風骨與人相比擬，用反問的修辭手法來強調他物不可與茶之德相匹敵，展現了蘇軾本人自然清雅又堅韌剛直的人格特色。蘇軾不僅陶醉於茶所帶來的「清風擊兩腋，去欲凌鴻鵠」〔註23〕的輕靈之感，更傾慕茶所具有的「誰能強追逐」的清剛氣節。其剛直品性不受纖芥觸染，廉潔之德不受微穢之瀆，「剛耿性」與「廉夫心」正是體現了茶的君子之德。在《和錢安道寄惠建茶》一詩中，蘇軾對建溪岩茶又有這樣的描述：「建溪所產雖不同，一一天與君子性。森然可愛不可慢，骨清肉膩和且正。雪花雨腳何足道，啜過始知真味永。縱復苦硬終可錄，汲黯少憨寬饒猛。草茶無賴空有名，高者妖邪次懍憹，體輕雖複強浮覺，性滯偏工嘔酸冷。其間絕品豈不佳，張禹縱賢非骨鯁。葵花玉挎不易致，道路幽險隔雲嶺。」〔註24〕他在詩中讚揚了建溪出產的岩茶具有君子的品性，森然可愛卻不輕慢，其骨體清秀，葉片肥潤而湯色純正柔和，茶味悠長雋永，令人回味，連天賜的雪花雨腳都難以與之媲美。不僅有著堅韌敦厚的內蘊，也有森然清冷的英姿，這正是作者眼中的君子風骨。蘇軾拿建茶和草茶相比較的同時，將張禹一類的小人品性與君子品格相比較，主張為人就應像建茶一般，剛開始雖然給人是「苦硬」的難以接近，但相處之後卻能坦然相對、真心相待，而不似草茶一般反其道而行之。他一生將茶視為知己與榜樣，認為茶是天地間的瑞草之魁，汲取日月精化之靈氣，融合了天地之精華，以青山為宅，與風雲為伴，受甘泉之潤，披雨露之澤。茶成為了蘇軾遊走於塵世的特殊橋樑，在出世與入世之間，在悲歡離合交織的人生之中苦樂穿行。「骨清」不僅是蘇軾對於茶的認識，更是其對於君子人格的認識和對品德修行所主張的一貫準則，這種主張與認識在其傳記體文章《葉嘉傳》裏有著更為集中和直觀的體現。

〔註22〕《蘇軾詩集》，中華書局，1982年孔凡禮點校版，第4冊，1163頁。

〔註23〕蘇軾，《寄周安孺茶》，《蘇軾詩集》，中華書局，1982年孔凡禮點校版，第4冊，第1163頁。

〔註24〕《蘇軾詩集》，中華書局，1982年孔凡禮點校版，第2冊，第529頁。

二、《葉嘉傳》解析

　　《葉嘉傳》是蘇軾以擬人化手筆爲茶葉所寫的一篇傳記文。葉嘉實指茶葉，嘉與櫥同。文中，蘇軾以比德的手法，把茶比作「風味恬淡，清白可愛」，「容貌如鐵，資質剛勁」，「有濟世之術」可使人「精魂不覺灑然而醒」的高雅之士。將茶的品德與人的品德相比擬，兩者完美結合，相得益彰。本文以該文爲例，對相關文字進行解讀和分析。

　　文章一開始，就對葉嘉曾祖的品行德貌進行介紹：「葉嘉，閩人也。其先處上谷，曾祖茂先，養高不仕，好遊名山，至武夷，悅之，遂家焉。嘗曰：『吾植功種德，不爲時採，然遺香後世，吾子孫必盛於中土，當飲其惠矣。』茂先葬郝源，子孫遂爲郝源民」〔註25〕，文章裏記述葉嘉是福建人，祖先居住在上谷郡，他的曾祖父葉茂先品德高尚，不願做官，而喜愛遊玩名山，遊歷到武夷山，非常喜歡那裏的景色，於是就在武夷山安家定居。葉茂先曾經說：「我種植功勞傳播品德，不希望現在就能得到收穫，只希望可以給後代人留下芳名，我的後代子孫一定會在中原大地興旺起來，使人們享受到這種功德的恩惠。」葉茂先去世後葬在郝源，他的後代子孫於是成爲郝源人。這裏的葉茂仙比擬的是茶的種子，茶的種子如同人的品德廣撒大地，經過歲月的洗禮和陽光雨露的滋養。長成茶樹，讓後人來飲用茶葉，享受這份甘美的饋贈。這段話道出了茶葉的無私，並影射了茶葉不爲皇宮貴族所專有，普天民眾均可享用得其恩惠。文章對於葉嘉的節操進行了描述，認爲他英武清白，非常重視自己的名節：

　　　　至嘉，少植節操。或勸之業武。曰：「吾當爲天下英武之精，一槍一旗，豈吾事哉。」因而遊，見陸先生，先生奇之，爲著其行錄傳於世。方漢帝嗜閱經史時，建安人爲謁者侍上，上讀其行錄而善之。曰：「吾獨不得與此人同時哉！」曰：「臣邑人葉嘉，風味恬淡，清白可愛，頗負其名，有濟世之才，雖羽知猶未詳也。」上驚，敕建安太守召嘉，給傳遣詣京師。郡守始令採訪嘉所在，命齎書示之。嘉未就，遣使臣督促。郡守曰：「葉先生方閉門製作，研味經史，志圖挺立，必不屑進，未可促之」。親至山中，爲之勸駕，始行登車。遇相者揖之曰：「先生容質異常，嬌然有龍鳳之姿，後當大貴」。〔註26〕

〔註25〕蘇軾《葉嘉傳》。
〔註26〕蘇軾《葉嘉傳》。

　　從小家人就培養葉嘉的道德節操，曾勸導其習武。他卻認爲只練習一杆槍、一面旗的武藝是不夠的，應當做天下英武之士。懷著如此志向而去各地遊歷，遇見了陸先生。陸先生認爲葉嘉是一名奇才，爲他撰寫了《行錄》在世上流傳開來。當時剛好遇到漢朝的皇上喜愛閱讀經書史籍，一名朝見漢帝的建安人奉上《行錄》，皇上讀過此書之後，葉嘉的品德高尚令其深爲感歎。這位建安人見狀便向皇上介紹葉嘉，說他性格恬淡，爲人清白可愛，非常看重自己的名節，有著經國濟民的才能，雖然陸羽對他有所瞭解，但描述得還不夠全面詳細。這位皇上聽了感到非常驚喜，立刻爲他提供進京朝見的詔書。建安太守開始叫下屬尋訪葉嘉的住所，命令下屬帶著皇帝的詔書展示給葉嘉看，讓他上京朝見皇帝，但葉嘉並沒照辦。任憑朝廷的使臣一再督促，葉嘉只管關門閉戶製作，研究品味經書史籍，立志追求有所建樹，不願此刻進京朝見皇帝，催促也無用。太守於是親自到山中來爲使臣勸說葉嘉起程，這才同意登車出發。遇到路上看相之人對葉嘉作揖，讚歎他容貌氣質非同尋常，有著龍鳳一般的矯健之姿，日後一定地位顯赫高貴。葉嘉的品性剛直不阿，表現在他具有能捨生取義的浩然之氣，如文所述：

　　　　天子見之曰：「吾久飫卿名，但未知其實耳，我其試哉」。因顧謂侍臣曰：「視嘉容貌如鐵，資質剛勁，難以遽用，必捶提頓挫之乃可。」遂以言恐嘉曰：「砧斧在前，鼎鑊在後，將以烹子，子視之如何？」嘉勃然吐氣曰：「臣山藪猥士，幸惟陛下採擇至此，可以利生，雖粉身碎骨，臣不辭也。」上笑，命以名曹處之，又加樞要之務焉。因誡小黃門監之。有頃報曰：「嘉之所爲，猶若粗疏然。」上曰：「吾知其才，第以獨學未經師耳。嘉爲之，屑屑就師，頃刻就事，已精熟矣。」上乃敕御史歐陽高、金紫光祿大夫鄭當時、甘泉侯陳平三人，與之同事。歐陽嫉嘉初進有寵，曰：「吾屬且爲之下矣。」計欲傾之。會天子御延英，促召四人。歐但熱中而已；當時以足擊嘉；而平亦以口侵陵之。嘉雖見侮，爲之起立，顏色不變。歐陽悔曰：「陛下以葉嘉見託吾輩，亦不可忽之也。」因同見帝，陽稱嘉美，而陰以輕浮訾之。嘉亦訴於上。上爲責歐陽，憐嘉，視其顏色，久之，曰：「葉嘉眞清白之士也，其氣飄然若浮雲矣。」遂引而宴之。少選間，上鼓舌欣然曰：「始吾見嘉，未甚好也；久味之，殊令人愛，朕之精魄，不覺灑然而醒；書曰：『啓乃心，沃朕心』，嘉元謂也。」

於是封嘉爲鉅合侯，位尚書。曰：「尚書，朕喉舌之任也。」〔註27〕

初見皇帝，葉嘉向皇帝呈上用皂囊密封的章奏，皇帝用「砧斧在前，鼎鑊在後，將以烹子，子視之如何？」皇帝見到他後認爲他容貌長得像鐵一樣的顏色，資質剛直強勁，難以馬上任用，必須經過槌提頓挫的一翻磨煉才可任用。於是決定試一試葉嘉的眞本事，於是用語言恐嚇葉嘉說：「砧板斧頭放在你的前面，鍋鼎放在你的後面，就要用它們來烹煮你，你看怎麼對付？」葉嘉表現得大義凜然，「臣山藪猥士，幸惟陛下採擇至此。可以利生，雖粉身碎骨，臣一不辭也」，認爲自己不過是聚居在深山裏的書生，如果有幸被皇上採用選擇到朝廷裏來，並能對天下蒼生有利，縱然是粉身碎骨，也不會退卻推辭。儒家「捨生取義」的浩然正氣，在葉嘉的言談之中表露無遺。雖然皇帝寵愛有加，封其爲鉅合侯居尚書位，但每當見到皇帝縱酒過度，葉嘉即刻出面諫阻的場面描述，把他敢於堅持原則的性格活生生地表現出來。只有得孔孟之道眞傳的儒士，才會這樣理直氣壯地對手握生死大權的皇帝如此苦諫。而「容貌如鐵，資質剛勁，難以遽用，必捶提頓挫之乃可」亦是對茶葉初採時的形態的描述，「臣山藪猥士，幸惟陛下採擇至此，可以利生，雖粉身碎骨，臣不辭也。」茶葉原本生長在山林之中，爲了有利於百姓眾生，被人們一葉一芽採摘下來，經過蒸熟、搗碎、入模拍壓成形、焙乾、穿成串，接著「砧斧在前，鼎鑊在後，將以烹子」經過烤炙和烹煮，才能成爲茶湯。「葉嘉眞清白之士也，其氣飄然若浮雲矣」，茶湯清澈可愛，茶煙飄蕩彷彿白雲之姿。茶經沖泡後湯色清澈見底，光亮不混。「茶性儉，最宜精行儉德之人」〔註28〕。茶出於深山幽谷中，最具大自然的清水靈泉之氣，外形清秀，香味幽長沁人心神。茶香清新不凡，湯滌心靈，使得外物和自心達到清淨合一。品一杯清茶香潤回甘，唇齒流芳，返樸歸眞；品一杯清茶神清氣爽，清風怡人，悠然自得。「始吾見嘉，未甚好也；久味之，殊令人愛，朕之精魄，不覺灑然而醒；書曰：『啓乃心，沃朕心』，嘉元謂也。」剛開始品不出好滋味，慢慢品，發現確實味道奇佳，人的精神氣在不知不覺中清醒起來，啓發人的心扉，滋潤人的心田。因而，茶逐漸得到當政者的推崇，飲茶之風由此盛行。而對於葉嘉的果敢勸諫，皇帝也是對他又愛又恨，文中這樣寫道：

〔註27〕蘇軾《葉嘉傳》。
〔註28〕《茶經》。

後因侍宴苑中，上飲逾度，嘉輒苦諫。上不悅曰：「卿司朕喉舌，而以苦辭逆我，余豈堪哉。」遂唾之，命左右僕於地。嘉正色曰：「陛下必欲甘辭利口，然後愛耶？臣言雖苦，久則有效，陛下亦嘗試之，豈不知乎？」上顧左右曰：「始吾言嘉剛勁難用，今果見矣。」因含容之，然亦以是疏嘉。嘉既不得志，退去閩中。既而曰：「吾未如之何也，已矣。」上已不見嘉月餘，勞於萬幾，神思困，頗思嘉。因命召至，喜甚，以手撫嘉曰：「吾渴見卿久也。」遂恩遇如故。〔註29〕

　　然其正色苦諫，竭力許國，不為身計，蓋有以取之。夫先王用於國有節，取於民有制，至於山林川澤之利，一切與民。〔註30〕

　　皇帝在花園中設宴，葉嘉見其飲酒過度，苦口婆心地勸導使得龍顏大怒。於是不僅對葉嘉吐口水，還命令左右將其打倒在地。而葉嘉無所畏懼地說：「陛下難道一定要甜言蜜語，才聽得進去嗎？我說的雖然不好聽，時間久了就會看到效果的，陛下你也曾經嘗試過，難道還不知道嗎？」皇帝聽後旁顧左右說：「當初見面時，我說葉嘉性格剛直難以使用，今天果然表現出來了。」因勸諫有理，而把憤怒強忍下去，寬恕了葉嘉。不過從此之後，皇帝也就疏遠了他。葉嘉不得志，便退隱回到閩中去了。皇帝一個多月沒見到葉嘉，因為日理萬機而精神疲勞不振，神思困頓，而令人召葉嘉回朝廷，恢復到以往良好的君臣關係中。

　　審安老人曾作《茶具圖贊》以朝迁職官命名茶縣，並附圖及讚語，列舉出「茶具十二先生姓名字型大小」。賦予了茶具之名的文化內涵，其中一些讚語更反映出儒道兩家，特別是儒家對於人格審美的主要特色。例如，砧椎取名為木待制，贊曰「上應列宿，萬民以濟，稟性剛直」，茶碾取名金法槽，贊口「柔亦不茹，剛亦不吐，圓機運用，一皆有法」，茶磨取名石轉運，贊曰「抱堅質，懷直心。啖嚅英華，周行不怠」，茶瓢取名胡員外，贊曰「周旋中規而不逾其問，動靜有常而性苦其卓」，羅合取名羅樞密，贊曰「凡事不密則害成，今高者抑之，下者揚之」，茶帚取名宗從事，贊曰「孔門子弟，當灑掃應付」，湯瓶取名湯提點，贊曰「養浩然之氣，發沸騰之聲，以執中之能，輔成湯之德。」以及茶筅取名竺副帥，贊「子之清節，獨以身試，非臨難不顧者疇見多。」

〔註29〕蘇軾《葉嘉傳》。
〔註30〕蘇軾《葉嘉傳》。

儒家思想對於葉嘉這一人物的影響是決定性的，這些影響大致體現在兩方面。一方面，儒家重視個人道德的自我修養，是幾千年來中國文人士大夫的優秀傳統。葉嘉志存高遠，從小就胸懷大志，認為「吾當為天下英武之精，一槍一旗，豈吾事哉！」希望自己能統率天下英武，可見其濟世安邦宏大志向。《孟子‧公孫丑》中記載：「『敢問何謂浩然之氣？』曰：『難言也。其為氣也，至大至剛，以直養而無害，則塞於天地之間。其為氣也，配義與道；無是，餒也。是集義所生者，非義襲而取之也。行有不慊於心，則餒矣』」。孟子認為那浩然之氣最為宏大剛強，用正義去護養它而不用邪惡去傷害它，就可以使它充滿於天地之間而無所不在。浩然之氣與仁義道德相匹配，如果不是這樣做，那麼浩然之氣就會像人得不到食物那樣飢餓衰竭。因此浩然之氣是由仁義在內心長期積累而成，不是通過偶然的正義行為來獲取。一個人所作所為有不能心安理得的地方，則浩然之氣就會衰減。結合葉嘉的言行可以看出，這種浩然之氣在他身上得到充分的展現。

儒家主張克己復禮，淡泊功名。葉嘉對於皇帝的召喚，表現得淡泊無欲，甚至怠慢了皇帝派來的使臣。同僚想與他勾心鬥角，對他進行傾軋、猜疑、妒忌等，他都表現得不屑一顧，泰然自若。葉嘉無私無欲，潔身自好的高尚人格，不僅普通鄉人稱讚他「風味恬淡，清白可愛」，就連皇帝也由衷地讚歎「葉嘉真清白之士也，其氣飄然若浮雲矣」。葉嘉的身上展現出高尚人格的光芒，可見重視人格修養的儒家對其有著深刻的影響。

另一方面，儒家主張「君君臣臣父父子子」的忠義思想，在葉嘉身上也表現得非常充分。初上朝廷，葉嘉就經受住了皇帝「砧斧於前，鼎鑊在後，將以烹子，子視之如何」的詰問，表示只要「可以利主，雖粉身碎骨，臣不辭也」。並且之後為了國家的長遠利益，不對皇帝阿諛奉承，而是敢於始終堅持原則，屢次挺身進諫，致使其仕途起伏坎坷，最終得到皇帝「其忠可謂盡矣」的襃揚。雖然遇到的是一個喜愛享樂的君王，但葉嘉那種將自己個人榮辱生死置之度外的勇氣，表現了其忠君愛國的可貴精神。雖然失寵而退回閩中，仍能安於過清苦的鄉野生活，一但再次被皇帝召用，依然一如既往地出謀獻策，用榷茶法為皇帝解決財政不足的難題，保證了國家的安定。葉嘉孜孜追求的正是儒家提倡的「修身治國平天下」，不遺餘力建立治世之功的人生理想。儒家以德起論，重在治世，追求修身、齊家、治國、平天下。對功名的執著追求，是儒家人生觀的主要標誌。在封建社會，「朝為田舍郎，落登天

子堂」是讀書人實現自己命運轉折的人生夢想，也是士人實現社會抱負的最有效途徑。縱觀葉嘉一生，追求兼濟天下，爲社會成就一番大事業，是他孜孜以求的人生目的。茶從自然採摘到成爲成品，經歷了諸多工序，它的味道在這些工序中不但沒有消減，反而更加濃鬱。猶如坎坷的人生，有了諸多磨難而更顯其頑強的生命力。相應的，葉嘉與茶相比擬，關於茶之德的描述有「吾植功種德，不爲時採，然遺香後世」，「少植節操」，「風味恬淡，清白可愛，頗負其名，有濟世之才」，「志尤淡泊」，「風味德馨」等。縱觀《葉嘉傳》中的描述，可知茶是中國文人士大夫所崇尚美的象徵，對於茶之德的認識與師法能提升茶人之道德境界與精神風貌。

第三節　「茶德說」的美學涵義

　　宋徽宗趙佶在他的《大觀茶論》中說茶可使「天下之士，勵志清白」。〔註31〕就是說文人喜將茶之性與飲茶者的品格、性情相比照，在飲茶過程中明道勵志。超脫世外、逍遙自在的人生境界要以高尚的人格作爲基礎，茶的這種超凡脫俗的高貴氣質，也同樣來自它那清和淡泊、剛韌不屈的品格。而中國首創的「茶德」觀念在唐宋時代產生較大影響並得到進一步發展。唐代詩人元稹的《一言至七言詩·茶》，將茶與文化的緊密聯繫用生動的筆觸描寫出來：

茶，

香葉，嫩芽。

慕詩客，愛僧家。

碾雕白玉，羅織紅紗。

銚前黃蕊色，碗轉曲塵花。

夜後邀陪明月，晨前命對朝霞。

洗盡古今人不倦，將至醉後豈堪誇。

　　這首著名的寶塔詩從可見可感的茶葉外形和香味開始，以擬人的修辭手法，從茶的角度引出其深受「詩客」和「僧家」的愛慕之實。饒有興味地將唐代步驟繁多的煮茶過程，用「白玉」、「紅紗」來取代，顯得生動而雅致，令人讀來不禁心生遐想。那「銚前黃蕊色」，「碗轉曲塵花」，同樣是用色彩和形態來描述茶淡黃明澈的湯色和茶末浮轉如花的樣態。夜深之後，人與空中

〔註31〕陳彬藩，《中國茶文化經典》，光明日報出版社，1999 年 8 月第一版，第 70 頁。

的明月相伴品飲；清晨時分，輕啜茶香坐看朝霞初露。「洗盡古今人不倦，將至醉後豈堪誇」進一步肯定和褒揚了茶對於人生和社會的重要影響。這寧靜而又充盈生氣的心境，不僅是茶與天地自然給予人們的饋贈，更是人心經由茶的蕩滌，褪去塵埃霧靄，漸入寧靜清新的茶道意境。

中國的文人士大夫作為古典思想的繼承者，常常借品茗表達心中對名利的淡泊，對自然人生的興味，有意識地去除凡塵的附麗，一心追求天然的儉樸之美。茶聖陸羽在《茶經‧五之煮》中這樣寫道：「茶性儉，不宜廣，則其味暗淡。」〔註32〕此處的「儉」是指茶的本性含蓄內斂，因而煮茶時水不宜加得過多，不然茶就會變得寡淡無味。回頭看看，陸羽在《茶經‧一之源》說：「茶之為用，味至寒，為飲最宜精行儉德之人。」這裡說的「儉」則是形容茶人儉樸的品德，認為只有具備如此品行的人才最適宜飲茶。而儉樸，歷來是中國文人士大夫「心嚮往之」的美好品德。

徐渭在《煎茶七類》一文中，首先講的就是「人品」，「煎茶雖微淡小雅，然要須共人與茶品相得。」煎茶雖是件微小的雅事，然而茶人的人品得要與茶品相匹配才行。由此可見，茶品與人品是相通的。楊萬里也在《謝木溫之舍人分送講筵賜茶》中寫道：「故人氣味茶樣清，故人風骨茶樣明。」〔註33〕以簡潔形象的比喻來褒揚故人的氣質風骨猶如茶水一般清明。在這裡，茶成為了高尚品德的象徵。諸如此類的記述還有：

《晉書‧桓溫列傳》：「溫性儉，每宴惟下七奠，拌茶果而已。」

《晉中興書》：「陸納為吳興太守時，衛將軍謝安嘗欲詣納。納兄子俶怪納無所備，不敢問之。乃私蓄十數人饌。安既至，納所設唯茶果而已。俶遂陳盛饌，珍羞畢具。及安去，納杖俶四十。云：『汝既不能光益叔父，奈何穢吾素業。』」

《南齊書‧武帝本紀》：永明十一年七月「又詔曰：……我靈上慎勿以牲為祭，唯設餅、茶飲、乾飯、酒脯而已。天下貴賤，咸同此制。」

這些故事都將人的儉樸之德與茶的清儉之性聯繫起來，並且茶的價格相對低廉，在當時飲茶是生活儉樸的作風，因此古人常以茶示儉。至南齊時，「天

〔註32〕本文《茶經》原文均引自：陸羽著，《茶經》，華夏出版社，2006年6月版。
〔註33〕宋‧楊萬里撰，《城齋集》，《謝木溫之舍人分送講筵賜茶》，文淵閣四庫全書本，卷17。

下貴賤，咸同此制」，以茶示儉已經成爲了社會的共識。這種共識在唐代也被接受，陸羽所宣導的「精行儉德」，正彰顯了品德儉樸對於茶人的重要性。孟子曾說過：「養心莫善於寡欲。其爲人也寡欲，雖有不存焉者，寡矣；其爲人也多欲，雖有存焉者，寡矣。」〔註34〕欲望過甚，耳目鼻舌等的官能作用就會壓倒本心；適當控制欲望則心所受的牽累就會減少，這樣一來事物的原貌就會如實地反映在人的心裏。人們如果過份沉溺於感官享樂，將會迷失心性；而具有清儉之性的茶，滋味或「淡」或「苦」或「甘」，這清淡得近乎「無味」之「味」被道家推崇爲「至味」。而茶本是天地間的清靈之物，獨有的清香和清味能夠洗滌凡塵，剩下的便是人性與天性的本質。

唐人視茶爲瑞草魁、草中英、瓊蕊漿，認爲茶性高潔清雅，徐弦在《和門下殷侍郎新茶二十韻》中寫道：「甘薺非予匹，宮槐讓我先。竹孤空冉冉，荷弱謾田田……」，詩人認爲薺味雖甘美，宮槐雖可爲茶，但不能育德；竹雖然淡泊其中空；荷雖爲花之君子但卻漫布田中，因而它們都不能和茶的獨特氣質與品德相媲美。徐渭在《煎茶七類》一文中寫道：「煎茶雖微淡小雅，然要須共人與茶品相得」，認爲煎茶雖然是微小淡雅的事情，然而人品與茶品卻必須相對應。楊萬里有詩句云：「故人氣味茶樣清，故人風骨茶樣明。」由此可見，茶反映了人的精神品質。比德的審美觀在「茶德說」中的運用，使人們將茶的特性與茶人的品德聯繫起來，成爲中國古代文人士大夫們所追求的理想品格。

茶秉性潔淨輕靈，「鍾山川之靈稟」，韋應物在《喜園中生茶》中云：「潔性不可汙，爲飲滌塵煩；此物信靈味，本自出山原。」詩中稱贊了茶即使在紛亂喧囂的世俗世界中，仍能保持其純潔不汙的秉性，詩人與茶相伴，也自然沾染了茶超塵脫俗的靈氣。茶的這種超然清幽的品質正好與文人天生的清高儒雅的氣質相契合。皇甫曾的《送陸鴻漸山人採茶》：「千峰待逋客，香茗復叢生。採摘知深處，煙霞羨獨行。幽期山寺遠，野飲石泉清。寂寂燃燈夜，相思一磬聲。」本詩寫採茶，卻以「深處」、「煙霞」、「野飯」、「寂寂」等清幽詞語勾勒出了一幅清淨幽野的畫面，又以「山寺遠」「石泉清」等展現了一種超凡脫俗的境界，將茶的生長環境寫得幽遠出塵。其實是在借茶寓人，表現的是對採茶人陸羽淳然淡泊、寧靜幽遠的品性的肯定，也是自己對人生的真切感悟和理想境界的寫照。茶的清幽純淨的自然屬性與茶人淳然、淡泊的

〔註34〕《孟子》。

人格追求完美的融合在了一起。品茗可修身養性，淨化人的心靈，鍛鑄人格，從而領悟人生，達到「居閑趣寂」的精神境界。

「流華淨肌骨，疏淪滌心源」是顏眞卿在《月夜啜茶聯句》中的一句詩，流華是指清亮豔麗的茶湯。疏淪即烹茶、品茶。詩的意思是說潔淨的茶湯能夠洗淨人的肌骨，而烹茶品茗可修身養性，淨化人的心靈。人們在飲茶過程中常會將具有靈性的茶與人們的道德修養聯繫起來，認爲通過整個品茶活動能促進人格修養的完善，因此沏茶品茗的整個過程，就是自我反省、自我完善、陶冶心性、修煉身心和完善人格的過程。明代朱權在《茶譜》序中說的：「予嘗舉白眼而望青天，汲清泉而烹活火，自謂與天語以擴心志之大，符水火以副內練之功，得非遊心於茶灶，又將有裨於修養之道矣」〔註35〕，指的就是茶事活動可修身養性、鍛鑄人格。

茶聖陸羽從一名僧人收留撫養的棄嬰成爲一代茶聖，創作出具有開創性歷史意義的《茶經》，而成爲中國茶道的集大成者，其人格與思想的形成與茶密不可分。陸羽潛心研究茶，遊歷四方，積累和記錄下豐富的種茶、製茶和品茶的經驗，在對茶的理解與體悟中，也完善與提升了自身的品格與德行。作爲「茶聖」的陸羽，爲人一生亦如茶，始終保持其自然淳樸本色和一顆赤子之心。在介紹「風爐」這一茶器時時，也表明了其儒家的濟世思想：「風爐以銅鐵鑄之，如古鼎形，厚三分，緣闊九分，令六分虛中，致其圬墁，凡三足。古文書二十一字，一足云『坎上巽下離於中』，一足云『體均五行去百疾』，一足云『聖唐滅胡明年鑄』。其三足之間設三窗，底一窗，以爲通飆漏燼之所，上並古文書六字：一窗之上書『伊公』二字，一窗之上書『羹陸』二字，一窗之上書『氏茶』二字，所謂『伊公羹陸氏茶』也。」伊公即是伊尹，名摯，擅以鼎器烹飪而著稱於世，有「伊尹……負鼎操俎調五味而爲相」〔註36〕的記載。伊尹約於公元前十八世紀末至公元前十七世紀末在世，爲商朝之賢相。他最初隱耕於野，經三次禮請，才肯出任爲相。後來幫助湯伐桀滅夏，使之稱王天下。伊尹歷經商初六代帝君，年百歲卒。帝沃丁以天子之禮來厚葬他，後世的孟子稱其爲能承大任的聖賢。伊尹之功甚多，而湯稱其「阿衡」。「阿衡」亦爲官名，至太甲（商朝第五代國君）改曰保衡。阿衡之意是謂湯倚伊

〔註35〕陳彬藩，《中國茶文化經典》，光明日報出版社，1999 年 8 月第一版，第 306 頁。

〔註36〕《韓濤外傳》。

尹維持朝政的平衡與穩定。《詩·商頌·長發》中有：「實維阿衡，實左右商王。」後引申為輔導帝王主持國政。古代之鼎，是為傳國之重器，或用於國家舉行隆重禮祭載牲體之具。陸羽用陸氏茶與伊公羹相提並論，可見其對政治的理想，同時將自身與茶對於濟世之用的期望公諸於世。

陸羽在對待國家與民族憂患這樣的大問題上，立場堅定、態度明確，撰寫了《四悲詩》和《天之未明賦》，其中憂國憂民的情懷與「行哭涕泗」的譴責悲憤之情深深地打動了我們；對待個人恩怨上，他總是看到別人好的方面，從不記人過，以善心評價他人，真誠與人相處；對待榮華富貴、功名利祿，他視若浮雲，因為在他的心裏，有比這些虛無的功名富貴更重要、更值得追求和珍惜的東西，那就是對於人性自由的追求，擁有對事業的充分自主。陸羽一生鄙夷權貴，不重財富，酷愛自然，堅持正義。陸廷燦撰寫的《續茶經》記錄了陸羽的一首歌：「不羨黃金罍，不羨白玉杯；不羨朝入省，不羨暮入臺；千羨萬羨西江水，曾向竟陵城下來。」〔註37〕榮華富貴、功名利祿，在他看來這些皆如浮雲。陸羽在《四標詩》中寫道：「夫日月雲霞為天標，山川草木為地標，推能歸美為德標，居閑趣寂為道標」認為人若能從一杯清茶中去品悟人生，體悟生活，讓空靈清淨的心境溶入大自然的日月雲霞，山川草木之中，去感受與自然合而為一的美。正因為陸羽達到了「居閑趣寂」的精神境界，在茶中品出了人生的真諦，才能在艱辛淡然中寫出《茶經》這一不朽之作。在他的心裏，有比這些虛浮的功名富貴更重要、更值得追求和珍惜的東西，那就是對於人性自由的嚮往，以及修養品德與濟世安邦的追求。

〔註37〕《四庫全書》子部，譜錄類，飲饌之屬，續茶經，卷下之一。

第四章　「茶禪一味」──茶道中的心性之美

　　由於茶具有「不眠」、「醒睡」的藥理功能，佛教徒在坐禪時，需要飲茶來提神，所以飲茶的習慣很快就在寺院中傳播開來。僧人飲茶的歷史可以追溯到晉代，東晉高僧懷信在《釋門自鏡錄》中就認爲寒暑晝夜都沒關係，只是日常少不了「要水要茶」。《晉書‧藝術傳》記載東晉的單道開常年修行坐禪，不眠不休，就是用茶來提神醒思的。據說他「舊服鎮守藥數丸，大如梧子，藥有松蜜、薑桂、茯苓之氣，時復飲茶蘇一二升而已」〔註1〕。爲了坐禪提神，每天吃的是藥丸，喝的是茶蘇湯。「茶蘇」便是茶與紫蘇調和製成的茶湯，用來提神破睡。可見，茶在坐禪中的功效早已被僧人認識和掌握。

第一節　「茶禪一味」釋義

　　「茶禪一味」是宋代克勤禪師〔註2〕（1063～1135）書寫贈送給參學的日本弟子的四字眞訣，認爲品茶之味與修禪之味是一致的、相融合的。「禪」是佛教各宗派通用的一種修持方法，是通過凝心靜坐、滅卻一切妄想雜念來達到靜定的狀態，從而獲得頓悟禪道的體驗。而「日本的『茶禪同一味』又不

〔註1〕〔宋〕鄭樵：《通志》卷一百八十二，影印文淵閣四庫全書，第380冊，第613頁。

〔註2〕圓悟克勤（公元1063年～1135年）乃宋代高僧，四川彭縣人，俗姓駱。克勤於成都從圓明禪師學習經論，後至五祖處修行，蒙五祖印證，嗣其法，成爲一代宗師。宋高宗曾召其入對，很贊賞他的修爲，賜號「圓悟」，故世稱「圓悟克勤」。

完全等同於『茶禪一味』，二者也是母子的關係。茶初入日本之時，是極為希罕的物品，只有皇族及上層貴族僧侶才能有機緣接觸到它。又兼之其時正是日本向大唐天朝謙卑學習之時，來自天朝的稀罕之物對擁有者身份的標誌性作用不言而喻，這就天然的給日本的茶道發展加上了拘謹嚴肅的桎梏。同時，日本民族性格上的細緻以及極重等級的特性在日本茶道形成上也起了至關重要的作用。與中國茶道相比，日本茶道有詳細的儀規，其宗教的意味甚為濃厚，這些並不同於中國輕快自然無拘無束的茶道之風。『茶禪同一味』，所印證的是日本的『道』〔註3〕。

一、「味」與審美

我們知道，漢傳佛教宗派多來自於印度，其中的天台宗、華嚴宗與禪宗，是由中國獨立發展出的三個本土佛教宗派。禪宗，又被稱為宗門，是漢傳佛教宗派之一。最初始於菩提達摩，盛於六祖慧能，中晚唐之後成為漢傳佛教的主流，是漢傳佛教最主要的象徵之一。其核心思想為：「不立文字，教外別傳；直指人心，見性成佛」。因為以禪定為主要修習法門，故稱禪宗。本文所指的禪，是包括上述兩種含義的廣義的禪，既指作為修行方式的禪定之禪，也包括禪宗之禪的境界。想要理解「茶禪一味」這一禪林法語的美學涵義，就要首先弄清「味」的美學涵義。

在現代漢語中，「味」是指舌頭嘗東西所得到的感覺、鼻子聞東西所得到的感覺，引申為情趣、觀照、體會。《說文解字》裏對「味」的解釋是：「味，滋味也」，在春秋乃至更早時期的文獻記載中，「味」絕大部分是作為「口舌之味」的涵義出現的。「味」在先秦時期以及之前的典籍記載中，常與聲、色並列提出，而且很多時候出現在聲與色的前面。《左傳》這樣的描述道：「天有六氣，降生五味，發為五聲，徵為五色。」杜預作注道：「六氣，『陰、陽、風、雨、晦、明也』。五味，『謂金味辛，木味酸，水味鹹，火味苦，土味甘』。天有陰陽風雨晦明六氣，降生出辛酸鹹苦甘五種味道，生發為宮商角徵羽五種聲音，徵為五色。在《尚書・洪範》中就有這樣的記載：「五行，一曰水，二曰火，三曰木，四曰金，五曰土。水曰潤下，火曰炎上，木曰曲直，金曰從革，土愛稼牆。潤下作鹹，炎上作苦，曲直作酸，從革作辛，稼稿作甘。」

〔註 3〕宋魯彬、黃建安、劉仲華、施兆鵬著：《「茶禪一味」之「禪」的意旨闡釋》，全國茶業科技學術研討會論文集，2007 年。

〔註4〕意思是說五行分別是水、火、木、金、土。水向下滋潤，火向上炙騰，木有曲有直，金能肅殺變革。土用來種植莊稼。對應而言，向下滋潤的是鹹味，向上炙騰的是苦味，有曲有直的是酸味，肅殺變革的是辛味，莊稼裏生長的是甘味。孔安國對此作了進一步的解釋：「鹹，水鹵所生也；苦，焦氣之味也；酸，木實之性也；辛，金之氣味也；甘味生於百穀野；是五味為五行之味也。以五者並行於天地之間，故《洛書》謂之五行。」〔註5〕他認為五味由水鹵、焦氣、木實、金和百穀所生，是五行之味，它們一同運行於天地自然之間，故稱之為五行。

「味」雖然在先秦乃至更早的文字資料中表示的是「口舌感官之味」，但人們對於「味」也逐漸有了引申開去的理解。《呂氏春秋·本味篇》中有「至味」的說法：「湯得伊尹，祓之於廟，爝以灌火，釁以牲狍，明日，設朝而見之，說湯以至味。」這裡的「至味」是調和並超越口舌之「五味」而達到精神愉悅之體味。伊尹論「味」時說：「凡味之本，水最為始。五味三材，九沸九變，火為之紀。時疾時徐，滅腥去臊除膻，必以其勝，無失其理。調和之事，必以甘酸苦辛鹹，先後多少，其齊甚微，皆有自起，鼎中之變。精妙微纖。口弗能言，志弗能喻，若射御之微，陰陽之化，四時之數」。在這段話中，「五味三材」泛指眾多的材料，味包含著食物的味道和人對食物的品嘗和體會兩層意思。「精妙微纖」的美好感受，需要調和五味到最佳狀態才可以得到。

有學者在探尋我國的美學起源時主張：「中國人原初的美意識起源於味覺。」〔註6〕認為味覺的快感是中國人美感的初始意義。美字的甲骨文字形是：𦍌，《說文解字》中記載：「美，甘也。從羊從大。羊在六畜主給膳也。美與善同意。無鄙切注臣鉉等曰：羊大則美，故從大。」〔註7〕可見美是個會意字，且首先是與味覺相聯繫的，古人將肥壯的羊吃起來的滋味稱之為美。在《管子·五行》中記載「然後天地之美生」，舊注：「謂甘露醴泉之類也」，可見美感源於甘露醴泉之類的口感。明代的劉基在《誠意伯劉文成

〔註4〕成復旺：《中國美學範疇辭典》，中國人民大學出版社，1995 年，第 3 至 4 頁。

〔註5〕同上。

〔註6〕〔日〕笠有仲二著：《古代中國人的美意識》，北京大學出版社，1987 年，第 5 頁。

〔註7〕〔漢〕許慎撰，〔清〕段玉裁注：《說文解字注》，杭州：浙江古籍出版社，2006 年版，第 頁。

公文集》中說「食必珍美」。這些都是在談論味覺所指的快感。《廣韻》中認為「美」是「好色」，即美好的容色，如《詩・邶風》中所說的「匪女之為美」。而《正韻》則認為「美」是為「嘉也，好也」。《劉向・九歎》中寫道：「揚精華以炫耀兮，芬鬱渥而成美。結桂樹之旖旎兮，紉荃蕙與辛夷」就是在形容美好。

可以說，中國人的對美感的體驗最初起源於味覺，這對中國古代美學的發展產生了多方面的深刻的影響。人們常用「美」來指美味，如《禮記・祭統》中的：「二牲之俎，八簋之實，美物備矣。」就是指祭祀所用的可口的食物。《國策・燕策》也有：「為之遠行，故為美酒」，用美來形容酒的滋味。之後，墨子在《非樂》中提到的：「目之所美，耳之所樂，口之所甘」，以及荀子所說的「目好之五色，耳好之五聲，口好之五味」〔註8〕都說明人們對於聲色口味的快感，是出於人的自然本性，這種觀點局限於感官領域。

從音韻學的角度來看，「美」與「肥」、「美」與「旨」都屬於同韻字。一般來說，但凡屬於同一韻的字，其含義是相近的。比如，「美」和「肥」、「旨」的含義就基本上是相相似的。古時人們常常用「肥」來表示味道好，有「肥甘」、「肥儂」的說法。另外也往往會以美來表示「肥」，例如《禮記・月令》中有：「燒薙行水，利以殺草，如以熱腸，可以糞田疇，可以美土疆」，其中說到的「美土疆」，就是指土疆的肥沃。而《列子・說符》有「王以美地封其子」的記載，其中的「美地」，就是指肥沃的土地。而「旨」字從甘，它在古代也是指味之美，人們往往以「旨」來指代美，例如《詩・小雅・甫田》中有「攘其左右，嘗其旨否」，就是品嘗美味的意思，而《小雅・魚麗》中的「君子有酒，旨且多」，這裡的「旨」也是表示滋味佳美的意思。有研究者認為，「『美』與『味』古時讀音相同，而且，從考古挖掘材料來看，『味』字出現較『美』字晚，『味』字在金文中才有，『美』甲骨文中就已存在。」〔註9〕至少，我們可以認為「美」最初的含義是指「味美」，而後隨著人們審美意識的形成和發展，「美」與「味」的含義才逐漸有各自的側重，其中，「味」更側重於感官。例如，明代的田藝蘅在《煮泉小品》中形容煮茶所用的水時，從感官上就甘、香、甜等味道做了考察：

〔註8〕 《荀子・勸學》。
〔註9〕 王晉著：《「味」範疇的文化淵源和美學特徵》，山西師範大學學報（社會科學版），第 23 卷第 3 期。

　　甘，美也，香，芳也。《尚書》：「稼穡作甘黍。」甘爲香黍惟，甘香，故能養人。泉惟甘香，故亦能養人。然甘易而香難，未有香而不甘者也。味美者曰甘泉，氣芳者曰香泉，所在間有之。泉上有惡木，則葉滋根潤，皆能損其甘香。甚者能釀毒液，尤宜去之。

　　甜水以甘稱也。《拾遺記》：「員嶠山北，甜水繞之，味甜如蜜。」《十洲記》：「元洲玄澗，水如蜜漿。飲之，與天地相畢。」又曰：「生洲之水，味如飴酪。」〔註10〕

　　田藝蘅認爲，甘即是美味的，香即是芬芳的。《尚書》裏記載種植莊稼耕甘黍，甘就指的是香美的穀物，因爲甘香所以滋養人。泉水也是一樣，甘香的泉水也是養人的，然而泉水甘甜容易聞起來清香就少見了，但清香的泉水沒有不甘甜的。味美者成爲甘泉，有清香氣的泉水叫香泉。泉水上游有不太好的樹木，則它的葉和根都會有損於泉水的清香，更有甚者還會有毒而不能食用，所以應該去除它。回甘的泉水稱爲甜水，《拾遺記》中說員嶠山的北方，有甜水圍繞，滋味甘甜得像蜜。《十洲記》裏也有記載元洲的玄澗中有水甜的好像蜜漿一樣。喝了它，與天地相合。又說生洲的水，味道像飴糖一般。

　　孔子在《論語·述爾》中說：「子在齊聞韶，三月不知肉味」，將韶樂帶來的愉悅感和肉食帶來的快感相提並論，並認爲藝術的美感超越了單純的口舌快感。老子也說「樂與餌過客止。道之出日，淡乎其無味，視之不足見，聽之不足聞，用之不足既。」〔註11〕老子認爲「道」是天地宇宙的之根本，人們卻看不到、聽不到、嘗不出味道。「味」在這裡指的是體味的意思，而不僅僅指食物的滋味，具有了人生體驗的意義。老子也說「爲無爲、事無事、味無味」，認爲體道的聖人，以無爲的態度去有所作爲，以不滋事的方法去處理事物，以恬淡無味當作有味。採取順應自然的態度，必須以平靜的思想和行爲對侍生活，旨在闡發「無爲而無不爲」的道理和處世哲學。「味無味」所強調的便是體味、觀照天地大道的本質意蘊，通過對體味來把握「道」的本味。而「無味階段亦即『至味』階段，是『味』這一美學範疇發展的最高階段，以蘇軾的『至味』理論爲代表。『味』審美範疇的長期發展，導致人們審美追求的趨一性和不同藝術理論之間存在的共通性，使其發展到最高階段，

〔註10〕田藝蘅《煮泉小品》。
〔註11〕《老子·三十五章》。

即『至味』階段。『至味』就是澹泊、平淡、自然真態。」〔註12〕老子所說的「味」超越了普通人的功利性和目的性，具有無功利的具有審美觀照意味。

綜合看來，味的原意是指味覺上的快感，之後才逐漸進入精神領域作為審美觀照和審美體驗的「味」。而「五行說」和「五味調和說」共同為「味」從感官體驗範疇向人生體驗範疇的轉變奠定了理論基礎。「茶禪一味」的「味」即是從審美心理的角度來理解，而非口舌之味，但茶本身所具有的色香味對體味禪道有引發之用。

二、茶與禪

魏晉至隋，茶禪的結合主要體現在日用層面，即僧人坐禪飲茶、客來敬茶、種茶製茶；隨著中唐《百丈清規》的制定，以茶供佛和點茶的儀禮成為叢林清規，使寺院形成一套完整而固定的茶禮。晚唐趙州禪師將「吃茶去」作為明心見性的途徑和體驗方式，使吃茶之風譽滿禪林，成為禪僧參禪開悟的方便法門，禪茶文化由此形成。到了宋代，圓悟克勤禪師書寫的「茶禪一味」將吃茶與修禪明確地聯繫了起來。茶在佛門禪院，不只是用來解渴、滌煩、醒腦的日常飲品，也不只是供佛、待客的禮敬之物，更成為禪僧們入靜體悟佛理禪思的方式和途徑。

首先，茶是僧侶們的日常所需。茶對於僧侶具有提神醒睡的功用。古時流傳著這樣一個故事，禪宗的初祖菩提達摩在少林寺中面壁坐禪，因為苦於昏沉難耐，便將自己的眼皮撕下來扔在地上，這眼皮落地後長出了一棵樹，用樹葉泡水煎煮來喝，就能神清氣爽，日益精進而不知疲累。雖然這只是神話傳說，但事實上由於茶葉本身所具有的特性，確實具有醒神清心的作用。據《封氏聞見記》所載：「開元中，太山靈巖寺有降魔師大興禪教，學禪務於不寐，又不夕食，皆恃其飲茶。人自懷挾，到處煮飲。從此轉相仿傚，遂成風俗。」說的是唐玄宗開元年間，泰山靈巖寺的降魔師大興禪宗教義，而學禪的方法是不睡覺，不吃晚餐，只許飲茶。禪僧們就各自備茶，到處煎飲，相互仿傚，進而成為一種風俗。坐禪是僧侶們參悟佛理的必修課程，且坐禪講究專注一境，靜坐思維，要求做到枷躍而坐，頭正背直，不動不搖，不委不倚。在這個過程中，人難免疲勞發困，這時候能提神益思、克服睡意的茶

〔註12〕周衛明著：《試論中國古典美學「味」範疇的嬗變及其成因》，《烏魯木齊職業大學學報》，2004 年 3 月。

成爲了僧侶們最好的朋友。飲茶既符合佛教過午不食的戒規，又可消除坐禪帶來的昏沉睡意，因而茶便成了僧侶們最理想的飲品。

其次，飲茶也是僧侶們養生保健的靈丹妙藥。禪寺大都遠離塵囂，坐落在幽靜的深山中，僧侶們若身體不適，也會用茶來治療疾患。《南部新書》記載：「大中三年，東都進一僧，年一百二十歲。宣皇問服何藥而致此？僧對曰：『臣少也賤，不知藥。性本好茶，至處惟茶是求，或出日過百餘碗，如常日亦不下四五十碗。』因賜茶五十斤，令居保壽寺。」〔註13〕說的就是一百二十歲的長壽僧人通過茶來養生防病進而益壽延年，連宣宗都要向他詢問秘方的例子。《月令廣義》中也記載：「蒙山有五峰，峰頂有茶園，中頂最高處曰上清峰，產甘露茶。昔有僧病冷且久，嘗遇老父詢其病，僧具告之。……父曰：『蒙之中頂有茶，當以春分前後多構人力，侯雷之發聲，並手採摘，以多爲貴，至三日乃止。若獲一兩以本處水煎服，能祛宿疾；服二兩，終身無病；服三兩，可以換骨；服四兩即爲地仙。』僧因之中頂築室，以侯及期，獲一兩餘，服之未竟而病瘦。」蒙山五峰的峰頂上有一茶園，其中頂最高處的上清峰產甘露茶，曾經有僧人久病不愈，得到山間老人的指點，得知這甘露茶與春分前後，春雷發聲時眾人齊心協力一起採摘，並且用採摘之處的水來煎服，一兩茶能祛除長久不愈的疾病，二兩茶能使人終身健康無病，三兩茶使人感覺輕身換骨，四兩茶能讓人感覺飄逸似神仙。這位久病的僧人就在上峰茶園的中頂蓋屋住下，等待茶的採摘，後來果真一兩茶沒喝完，病症就立刻減輕了。

再次，茶有助於僧侶們在修行時體悟「禪味」，也稱禪的興味，內心進入清淨境地。陸羽在《茶經》中說茶：「聊四五啜，與醍醐、甘露抗衡也」，認爲人飲上幾口茶，那甘美之味能與醍醐、甘露相媲。「醍醐」是指從牛乳中反覆提煉而得到的甘美之物，印度人不但視它爲「世間第一上味」，並且認爲它有較高的藥用價值。佛教常用「醍醐」比喻「無上法味」、「大涅槃」及「佛性」等。我們知道，禪宗的義理博大精深，以「四諦」爲總綱。釋迦牟尼成道後，第一次在鹿野苑說法時，就是以「四諦」之理爲主要內容的，而「苦、集、滅、道」四諦更是以「苦」爲首，認爲人有生苦、老苦、病苦、死苦、怨憎會苦、愛別離苦、求不得苦等等。總而言之，凡是構成人類存在的所有物質以及人類生存過程中精神因素都能給人帶來「苦惱」，而佛法教給人的正是「苦海無邊，回頭

〔註13〕錢易撰：《南部新書》，選自《叢書集成初編》，北京：中華書局，1985年，第86頁。

是岸」。參禪即是要看破生死、達到大徹大悟，求得對「苦」的解脫。而茶性也苦，從飲茶的苦後回甘，苦中有甘的特性，幫助修習佛法的人在品茗時，品味人生，首先就要參破「苦諦」。過去有「茶榜」，其內容是關於僧人飲茶時參禪與悟禪的，茶榜的語言大都精妙簡練，充滿機鋒與禪意。如馮時行的《請言老茶榜》中有：「點頭咽睡，何必豎佛拈花；有舌隨身，各人一碗。若色若香若味，直下承當；是貪是嗔是癡，立時清淨。」這就是說茶讓人心清淨，滌去貪嗔癡，以得戒定慧，參禪得悟。

綜合來看，飲茶不僅能醒睡除病，還能滌除人心鏡上的凡塵，使之清澈明淨。這與修禪的過程與頓悟之後的感覺有著共通之處。茶與禪看來是兩碼事，可是僧人解渴、參禪、祈禱、茶會都需要茶，於是種茶、焙製茶葉，這樣使僧與茶發生了關係。有學者對此有這樣的見解，認為「茶道與坐禪的心境是一樣的：茶道，講究井然有序地喝茶，追求環境與心境的寧靜、清淨；禪的修行，常以「法令無親，三思為戒」，也是追求清寂。茶道和禪心，個中之情趣雖不一樣，卻有著異曲同工之妙。所以僧者常說飲茶有三德：一、坐禪時，通夜不眠；二、飽腹時，可幫助消化；三、茶為不發之物，可抑制性欲。因而日本高僧、名茶始祖明惠上人提倡茶十德。這十德包括了茶道與禪心。即：一、諸天加護；二、父母孝養；三、惡魔降伏；四、睡眠自除；五、五臟調和；六、無病無災；七、朋友和合；八、正心修身；九、煩惱消滅；十、臨終不亂」〔註14〕。賴功歐先生曾指出：「茶對禪宗是從去睡、養生，過渡到入靜除煩，從而再進入『自悟』的超越境界的。最令人驚奇的是，這三重境界，對禪宗來說，幾乎是同時發生的。它悄悄地自然而然地但卻是真正地使兩個分別獨立的東西達到了合一，從而使中國文化傳統出現了一項嶄新的內容——禪茶一味。」〔註15〕

第二節　以《碧巖錄》為例

第一次明確提出「茶禪一味」這一理念的是宋代臨濟宗的圓悟克勤，他認為悟禪與品茶是相似的或者說是相通的。他的《碧巖錄》被視為佛教禪宗的「宗門第一書」，已故中國茶禪學會理事長吳立民先生題詞云：「茶禪一味夾山寺，

〔註14〕趙海洲著：《〈茶禪一味〉初探》，湘潭大學學報，1993年第一期。
〔註15〕賴功歐著：《茶哲睿智》，光明日報出版社，1999年第一版，第108頁。

茶道源頭《碧巖錄》」。克勤禪師潛心研習禪與茶的關係，以禪宗的理念和思辯的方式來品味茶的奧妙，終有所悟，揮筆寫下了「茶禪一味」四個字，將茶味提升到與禪味同等的高度，引起修禪之人的高度重視，並使這一思想傳播到日本並得到進一步完善與發揚，日本人將茶道視爲宗教那般神聖。

一、關於《碧巖錄》

　　禪宗發展到宋代，可以說進入了一個「文字禪」爲主導的時期。佛教經典的詮釋，語錄燈錄的編纂，頌古拈古的製作，進入空前繁榮的時期。因此宋代禪宗的文字禪促進了文學、藝術與禪宗的交融。宋徽宗政和年間，圓悟克勤在荊州弘揚佛法，受澧州刺史之邀，入住夾山的靈泉禪院。禪院位於湖南省常德市石門縣城東南十二公里處，因「兩山對峙，一道中通」而得名，是蜚聲世間的茶禪祖庭。在此期間，他應參學的門人之請，評唱五代時重顯禪師雪竇的《頌古百則》，由門人記錄下來彙編成《碧巖錄》十卷，書名出自「猿抱子歸青嶂嶺，鳥銜花落碧岩泉」之「夾山境地」。《碧巖錄》又稱《佛果圓悟禪師碧巖錄》、《圓悟老人碧巖錄》、《圓悟碧巖錄》和《碧巖集》，收錄於《大正藏》第四十八冊、《禪宗全書》第八十九冊，被視爲禪宗最具代表性的公案評唱集，屬四家評唱語錄之一。

　　圓悟禪師屬臨濟宗，臨濟宗是禪宗南宗五個主要流派之一，自洪州宗門下分出，始於臨濟義玄大師。義玄大師跟從黃蘗希運禪師學法 33 年之久，後往鎮州（今河北正定）滹沱河畔組建臨濟院，弘揚希運禪師所宣導的「般若爲本、以空攝有、空有相融」的禪宗新法。此禪宗新法因義玄大師的宣導而大張天下，後世遂稱之爲「臨濟宗」，黃蘗禪寺因而成爲臨濟宗祖庭。據知，圓悟禪師非常博學，講法時善於詮釋，思維通達無礙，而人品高潔，被世人所欽佩。跟隨其聽受禪法的人數龐大，「度弟子五百人，嗣法得眼，領袖諸方者，百餘人。方據大從林，匡眾說法，爲後學標表，可謂盛矣。」〔註 16〕可見其當時備受世人的推崇，禪風日盛。據《僧寶正續傳》中的文字記載，圓悟禪師對於佛教的經義和語錄研修相當深入，主張融通經義的精髓。他曾說：「老漢生平，久歷叢席，遍參知識，好窮究諸宗派，雖不十分洞貫，然十得八九。」〔註 17〕在紮實的思想知識基礎之上，來引經據典，對雪竇的《頌古

〔註 16〕〔宋〕孫覿著：《圓悟禪師傳》。
〔註 17〕《補續高僧傳》卷九，《續藏經》第七十七冊，第 329 頁。

百則》進行評唱，將這些結編成爲《碧巖錄》。書中大量引用禪詩和《維摩詰經》、《楞嚴經》、《金剛經》等佛教經典，所提到的禪僧大概不下七十位，圓悟禪師對這些禪風及禪法都了然於心，是一位飽讀佛教經典的禪師，其文學素養和表達能力都非常出色。他的修行和參悟成果都表現在《碧巖錄》中，正是由於此書的面世，雖是評唱雪竇的「頌古百則」的注釋，卻鮮明地反映出圓悟禪師的禪學思想，使其成爲我國佛教史上的一位著名禪師。《碧巖錄》的出現使得燈錄語錄等，由講述「公案」、「機鋒」發展到注釋和研究「公案」、「機鋒」的階段，標誌著中國禪宗史發展到一個新的階段。

《碧巖錄》的結構是以雪竇禪師所著的「百則頌古」作爲底本，即一百則的禪門經典公案，加上每則公案之後的「頌古」構成。每則公案均有「垂示」、「本則」、「頌古」、「著語」、「評唱」五種文章所組成。雪竇禪師所說的掌故，除絕大部分取自禪宗公案外，還引用自《維摩詰經》、《楞嚴經》和《金剛經》等，並且以雲門宗的公案爲重點。法眼文益在《宗門十規論》裏以「函蓋截流」四字來稱頌它，雲門宗的特色也在這裡。體上一切現成，用上纖塵不立。行文風格是「任情直吐，多類於野談，率意便成，絕肖於俗語」〔註18〕。雪竇禪師是一個有文學素養的人，他深受智門的薰陶以及汾陽善昭禪師等的影響，無論是上堂、小參和舉古勘辨，所使用的語句都非常注重修辭，其中以《頌古百則》最有代表性。

佛果圓悟生在雪竇稍後，而屬於臨濟宗的楊岐派，根據雲門宗的《雪竇頌古百則》加以評唱，乃是十分自然的事情。他在每則公案前面，講一段「垂示」，並在每則「本則」及「頌古」的各句下，寫下「著語」，在「本則」及「頌古」後面作一段「評唱」，成爲首尾非常完全的著作，對於參究學人的啓發作用是相當大的，所以當時有人稱之爲「宗門第一書」。「垂示」是圓悟禪師把每則公案的重點提醒參禪的弟子們去注意的，稱之爲「垂示」或「示眾」。若是能瞭解到垂示中所提示的關鍵點，就可以把握公案的主旨，能輕鬆地越過理解本則的管卡。「本則」是雪竇禪師從一千七百則古則公案中挑選出的一百則最經典的公案，其內容基本都是記錄古聖先賢的言行。每則的起始由「舉」字開頭，表示「有這樣一說，我列舉出來給你們知道」，因此也把它叫做「話頭」。「頌古」是歌頌古則公案的詩言，因爲是歌頌前面的古則公案，才叫做「頌古」。由於禪理平鋪直敘地講述時不好懂，不如用詩和頌的方式涵義深刻

〔註18〕《宗門十規論》。

具有啟發性，所以雪竇禪師不用普通的寫作方式來闡揚前面的古則公案，而用偈頌即詩的方式來啟發人們。「著語」又名「下語」，是標注在「本則」和「頌古」中各句之下的細字，文字不多。著語是圜悟禪師所注的短評，言簡意賅，不拘一格。不僅有冷嘲熱諷，也有正話逆說，讀起來揮灑自如、酣暢淋漓。「評唱」是附在「本則」及「頌古」後面文章，有的篇幅較長，基本上是對本則或頌古裏面的因緣故事，進行詳細的講解，並作出概括性的總體評論，以啟發修禪人。

二、「吃茶去」的悟禪法門

通過材料梳理發現，《碧巖錄》中多處對話中提到茶，而其中最多的當屬「吃茶去」。據已知的材料記載，「茶禪一味」的禪林法語經歷了一個形成發展的過程，它與「吃茶去」的佛家機鋒語有著密切的內在聯繫。「吃茶去」出自唐代的從諗禪師，因常住趙州觀音寺被人們稱作「趙州古佛」，是禪宗史上一位震古鑠今的大師。為了深入瞭解《碧巖錄》中所主張的茶與禪之間的關係，我們有必要大致瞭解一下「吃茶去」的宣導者趙州禪師及其基本思想。

（一）趙州和尚及其思想的介紹

趙州從諗，俗姓郝氏，為曹州（今山東曹縣）郝鄉人，生於唐大曆十三年。因晚年久居趙州觀音院，故時人多以趙州和尚相稱。他幼年即孤介不群，根性穎利，自幼辭親出家，在曹州扈通院隨師受業。師勉之聽習經律，他僅染指而已。〔註19〕後聞南泉普願才德冠於當代，於是隨師行腳到池陽（今安徽貴池）參訪。

趙州和尚（778～897）幼年出家，後得法於南泉普願禪師，為禪宗六祖慧能大師之後的第四代傳人。唐大中十一年（857），八十高齡的從諗禪師行腳至趙州，受信眾敦請駐錫觀音院，弘法傳禪達四十年，被僧俗視為叢林模範，人稱「趙州古佛」。其證悟淵深、年高德劭，享譽南北禪林並稱「南有雪峰，北有趙州」。趙州和尚主張任由萬事萬物的本然，隨緣造化，而不落入言筌之中。弟子問他弘揚佛法的真諦是什麼，他卻說自己半句也沒有說過。他最為突出的特點就是話頭，「禪宗話頭與棒喝，皆具阻斷妄想的功能。棒喝是驀然頓斷。話頭是方便阻斷。禪師們拋給學人一個『無理路話』，使其既透不

〔註19〕《宋高僧傳》卷十一，《唐趙州東院從諗傳》，《大正藏》卷五十，第775頁。

過，亦離不開。如此把學人困縛在『無理路話』上，使其思慮攀援不得。學人面對這個『無理路話』，『透又透不過，離又離不開』，猶如餓漢子對著個鐵饅頭，如此之狀，即是參禪。譬如參『父母未生前本來面目』這個問題，哪有什麼理路可尋？若有理路可尋，那就不是『參話頭』了。」〔註20〕趙州禪師關於「柏樹子成佛」的話頭，就是很好的例證：

> 問：柏樹子還有佛性也無？
>
> 師（趙州）云：有。
>
> 云：幾時成佛？
>
> 師云：待虛空落地。
>
> 云：虛空幾時落地？
>
> 師云：待柏樹子成佛。〔註21〕

當聽到學人問「柏樹子還有佛性也無？」的問題時，趙州禪師肯定了柏樹子具有佛性。而得知趙州禪師的答案後，學人又進一步詢問「柏樹子幾時成佛？」，趙州禪師便轉而答他道「待虛空落地」之時便能成佛。而學人不得其解，問道「何謂虛空落地」，此時，趙州禪師邊說等到打破了空相，不執著於空忍，便是虛空落地，柏樹子也就成佛了。有學者對此評論道：「趙州所說的柏樹子成佛，寓意深刻。按照禪宗的見地，若人悟本，萬法皆真。柏樹子豈能例外？柏樹子亦是見者之化現，屬於化身佛的範疇——各人那個意義上的『柏樹子』，即是各人那個意義上的自性化現。某甲的柏樹子，依著某甲的自性而有。某乙的柏樹子，依著某乙的自性而有，乃至於丙丁，以至於多人，各人那個意義上的柏樹子，皆依著各自的自性而有，皆是各自的自性化現。自性的化現，即是化身佛。青青翠竹盡是法身之相，郁郁黃花無非般若之形。波浪盡是水之現象，法相無非心（佛）之化現。」〔註22〕這是契合「柏樹子佛性也無」的話頭內蘊的。

我們知道，禪宗浸染我國傳統文化最深，尤其是受到道家思想以及魏晉玄學的影響。老子的「道可道，非常道」〔註23〕，《易·繫辭上》中的「書不盡言，言不盡意。」王弼的「得意忘象」等都認為人們使用語言和文字等有

〔註20〕蘇樹華著：《趙州禪師禪法宗旨》，《教育文化論壇》，2011 年 4 期。
〔註21〕《古尊宿語錄》卷十四，《卍續藏》第 68 冊，第 84 頁下。
〔註22〕蘇樹華著：《趙州禪師禪法宗旨》，《教育文化論壇》，2011 年 4 期。
〔註23〕《道德經》。

聲有形的載體難以將思想表達詳盡。而禪宗也主張以平常簡練的表達取代佛教所固有的深奧與說教，突出用自悟的直覺觀照和打破常規思維的啓發來體味「禪」。平常而又意趣深奧的禪林法語「吃茶去」，就是禪宗所推崇的「直指人性，見性成佛」的悟道方式。趙州禪師喜用無理可講的話頭，即爲方便攝妄和說法的方式，用話頭來阻斷執著的顛倒妄想，引導學人進入體證實相的道路。因爲人們一旦陷入執著，便生出障礙和束縛。無論是執著於「文字相」、「有相」、「無相」，皆會被「文字相」、「有相」、「無相」所束縛和障礙，陷入分別與妄想。因此趙州禪師通過「掃一切相，破一切執」，來引導人們「契入實相」，參悟佛法眞諦。

如今，有關「吃茶去」的記載在禪門典籍中約有千餘條，其中有對於茶的功用的說明，也有對飲茶有助悟禪的描述。趙州禪師用茶直指人心，於平實之中開顯清淨佛性，雖未明說茶禪一味，然實則已暗含此意。

（二）由「吃茶去」看「禪茶一味」

趙州和尚因嗜茶成癖，常常會在對話中說聲「吃茶去」，強調通過品味茶來達到慧能在《壇經》中所說的「內外不住，來去自由，能除執心，通達無礙」的精神境界。下面，就來看看《碧巖錄》中關於品茶與悟禪的幾則記載：

> 趙州凡見僧便問：「曾到此間麼？」云：「曾到」或云「不曾到」，
> 州總云：「吃茶去」。院主云：「和尚尋常問僧，曾到與不曾到，總道
> 『吃茶去』，意旨如何？」州云：「院主！」主應諾。州云：「吃茶去。」

〔註24〕

由這一則可知，僧人們希望趙州和尚用語言來告知禪的眞意，但趙州和尚並沒有直接回答人們的追問，而只是說了句「吃茶去」。我們知道，禪宗主張一切眾生自性圓滿具足，想要照見自性，需要向內探尋，而不是向外在探求。自己發現自己的本心，由向外變爲向內探索，是明心見性的第一步。吃茶可以很自然的讓人們從與外界緊密聯繫的狀態轉而進入到與自身對話的狀態，所以趙州和尚希望學人停止在語言文字和理論知識上對禪進行追問，而是回到自我體會的層面上去，以此來截斷人們向外的尋求，引導其對內在自性的觀照。趙州和尚對於參禪者的提問始終以「吃茶去」作答，意在消除修

〔註24〕　〔宋〕雪竇重顯禪師頌古、圓悟克勤禪師評唱：《碧巖錄》第二十二則，河北禪學研究所，2006 年 1 月版，第 110 頁。

行之人所起的妄想，因爲一旦落入妄想，就使得原本清淨的佛性蒙上塵埃。而這人們生而具有的佛性被塵世迷霧所遮蔽之後，要想重回清淨境地，就要像品茶一樣自己去修行和體悟。修禪需要自己證悟，每個人由於悟性和修爲不同，從而證得的境界是各不相同的。因此，禪的滋味是「如人飲水，冷暖自知」的，只有修禪的人心裏清楚。品茶也是一樣，不同的人喝同一壺茶，會喝出不同的滋味和感受。

> 無著遊五臺，至中路荒僻處，文殊化一寺，接他宿。遂問：「近離甚處？」著云：「南方。」殊云：「南方佛法，如何住持？」著云：「末法比丘，少奉戒律。」殊云：「多少眾？」著云：「或三百或五百。」無著卻問文殊：「此間如何住待？」殊云：「凡聖同居龍蛇混雜。」著云：「多少眾？」殊云：「前三三，後三三。」卻吃茶。文殊舉起玻璃盞子云：「南方還有這個麼？」著云：「無。」殊云：「尋常將什麼吃茶？」著無語遂辭去，文殊令均提童子，送出門首。〔註25〕

> 慶云：「作麼生是如來語？」保福云：「吃茶去。」〔註26〕

> 「本來無一星事，但只遇茶吃茶，遇飯吃飯。」〔註27〕

趙州和尚所說的吃茶，不單是讓人靜心喝茶，更是教人通過喝茶來悟道，讓人做到「於一切法不取不捨，即見性成佛道」。可見，大凡來者請教佛法真諦，愛吃茶的趙州和尚就以「吃茶去」作答，是想讓人們明白語言和文字所闡釋的並非是禪的真諦，在吃茶的過程中去領悟、去體證才可與禪意神交乃至頓悟融合。只有修禪者才知道禪的真意，也只有品茶者才知道茶的滋味。所以，佛法大意只有通過親身修行證悟，才能自契真如之性。「吃茶去」逐漸作爲棒喝的口頭禪而爲世人熟知，透露出了別具深意的茶禪關係。

「吃茶去」早已從具體實際生活上升到超脫物我的「悟」，從而具備了嶄新而深刻的文化意義。茶不僅有著醒腦提神的藥用功能，對禪宗的坐禪修持的證道法更有引導之用。「吃茶去」的偈子是和「德山棒，臨濟喝」類似的破除執著的修持方式，讓人們除去執著和分別心。禪宗主張，參禪悟道不需要

〔註25〕 〔宋〕雪竇重顯禪師頌古、圓悟克勤禪師評唱：《碧巖錄》第三十五則，河北禪學研究所，2006 年 1 月版，第 153 頁。

〔註26〕 〔宋〕雪竇重顯禪師頌古、圓悟克勤禪師評唱：《碧巖錄》第九十五則，河北禪學研究所，2006 年 1 月版，第 334 頁。

〔註27〕 〔宋〕雪竇重顯禪師頌古、圓悟克勤禪師評唱：《碧巖錄》第九則，河北禪學研究所，2006 年 1 月版，第 57 頁。

「羚羊掛角」刻意爲之，而是要在平常生活去實踐和體悟。一切聽任自然，自在無礙。禪宗常常說到「平常心」，即爲「遇茶吃茶，遇飯吃飯」，將心態調和到平常自然是參禪悟道的第一步。而禪宗強調的「自悟」，即不假借外力，不落言筌及理論，完全靠自己體會摸索，然後豁然開朗，恢復心鏡的明澈。葛兆光在《佛影道蹤》中說過，「唯是平常心，方能得清淨心境，唯是有清淨心境，方可自悟禪機」，認爲只有平常心才能得到清淨的心鏡，也只有清淨的心鏡才能自己頓悟到禪機。清代的湛愚老人曾在《心燈錄》中稱讚：「趙州『吃茶去』三字，眞直截，眞痛快」，認爲「吃茶去」三個字，直接截斷人們的一般思路，引入靜思才有可能達到頓悟，這簡潔爽快的三個字即是另一條路的方向。

唐朝景岑禪師曾說：「要眠即眠，要坐即坐」，「熱即取涼，寒即向火」，就是在強調人應該睡覺時睡覺，坐禪時坐禪，熱時乘涼，冷時烤火，茶與禪也是一樣，其中並沒有神秘。六祖慧能強調「我心自有佛，自佛是眞佛」。馬祖道一則在慧能「明心見性」、「性淨自悟」的基礎上，提出了「平常心是道」這一禪道理念，認爲懷有一顆平平常常的心就是參透了佛道，而平常心外沒有什麼「道心」，這一理念更加突出了鮮明的生活禪的意味，無處不在地顯示了自由平實的獨特宗風。馬祖道一，俗姓馬，又稱馬道一、洪州道一、江西道一。唐代著名禪師，開創南嶽懷讓洪州宗。漢州什邡（今四川什邡市馬祖鎮）人。史書說他容貌奇異，牛行虎視，舌頭長得可以觸到鼻，腳下有二輪文。諡號大寂禪師。馬祖道一禪師門下極盛，號稱「八十八位善知識」，法嗣有 139 人，以西堂智藏、百丈懷海、南泉普願最爲聞名，號稱洪州門下三大士。下面這段話，也許最能說明馬祖道一順乎自然的禪道理念：

> 道不用修，但莫污染。何爲污染？但有生死心，造作趨向，皆是污染。若欲直會其道，平常心是道。何謂平常心？無造作、無是非、無取捨、無斷常、無凡無聖。經云：非凡夫行，非聖賢行，是菩薩行。只於今行住坐臥，應機接物，盡是道。道即是法界，乃至河沙妙用，不出法界。〔註29〕

隨緣任運，日用是道，這正是馬祖道一禪道自然觀的出發點及前提條件。「平常心是道」這一命題正是從這個前提發展出來的。然而，關鍵是只有在毫不造作的自然而然的活的機趣中，以平常之心去除一切障霧，才能達到自

〔註29〕《景德傳燈錄》卷28。

由自在的境界，眞正在「自性清靜」中做到無造作，無是非，無取捨，無斷常，無聖無凡。自然而自由，先是以平常之心在直面事物本身時自然而然，才有隨機妙用，即俗即眞，即凡即聖的平常之心的自由。用禪宗的話來解釋就是：自然而自由的平常心應是無所住的，人們生活在一個沒有限制的世界裏。所謂「平常心」，所謂「無造作」，原是禪的內在精神：困了就歇息，餓了就吃飯。一切都自然而然，一切都自由自在。而在茶道之中，「茶味禪味，味味一味」，正是一種「平常心」帶來的自由境界。就這點而言，禪宗表現了「世間法即佛法，佛法即世間法」的無礙境界。

在《金剛經》中：「菩薩於法，應無所住。行於布施，不住色布施，不住聲香味觸法布施……應如是布施，不住於相」〔註 29〕禪宗主張對於佛法的參悟與布施都不應執著，排除色聲香味觸法的執著，也不對人相、我相、壽者相與眾生相有執著於分別。執著極爲束縛，就如同「吃茶去」這三個字，一旦拘泥便進入狹長溝渠難以走出，成爲人們「悟道」的障礙。因此，禪宗追求達到「內外不住，來去自由，能除執心，通達無礙」〔註 30〕的精神境界，便需要人們在去除執著和分別心的基礎之上自悟佛性。禪與茶共通之處，正是在「味」這一點上，味即是體悟，陸桴亭在《思辨錄輯要》中云：「體驗有得處，皆是悟」，體驗本身即得來不易，必須工夫不斷，才能有所悟。進一步來說，悟雖然可得，但也隨時可能失去，所以說陸桴亭在《思辨錄輯要》中也說「得火不難，得火之後，須承之以艾，繼之以油，然後火可不滅」，就是在強調保持覺醒的工夫，只有念念相續才能做到覺照的持續。禪宗的茶事活動之所以一直嚴格正式，逐漸提升到藝術的境界，就是本持著這個的緣故。

慧南禪師是由臨濟宗分支黃龍宗的開山祖師，他所提出的「人人盡有生緣，上座生緣在何處？」、「我手何似佛手？」、「我腳何似驢腳？」三個牛頭不對馬嘴的提問，被稱爲「黃龍三關」，並且三十年的時間，都用這黃龍三關來接引禪修者。在總結黃龍三關的「自頌詩」中，他更突出了「趙州茶」的地位。據《五燈會元》記載了這一段：「師自頌曰：『生緣有語人皆識，水母何曾離得蝦。但見日頭東畔上，誰能更吃趙州茶。』」可見，由於趙州和尚常說「吃茶去」的偈語，「趙州茶」也成爲僧眾逕直使用的禪林典故。「趙州茶」與「吃茶去」便是禪門中人所熟知的「趙州關」。趙州從諗是南泉願禪師的弟

〔註 29〕《金剛經》之妙行無住分第四。
〔註 30〕《壇經》。

子，江西馬祖道一禪師的徒孫，當時可說是名揚天下，人稱「趙州眼光，爆破四天下」。他曾留下許多著名公案，如「大道透長安」、「無」、「庭前柏樹子」等等。其中，「吃茶去」是使用最多的一則。可見它是滲透了「茶禪一味」的深刻意義，才穿透歷史時空而被中國社會的各個層面所接受的。

　　當代禪門巨匠淨慧長老對「吃茶去」有這樣的理解：「在中國翻譯佛教經典的時候，佛有十種尊稱，其中有一個叫「如來」，同時它也可以翻譯成「如去」。如來如去，說明來和去，它不是空間方位的轉移，也不是時間的遷流，都是當下的。前不久有一個日本的非常著名的茶文化組織的領導人，七十幾歲了，他帶了個代表團，來中國訪問，特別到柏林寺去。時間雖然很短暫，但他還是向我提了一個問題，……他說他從事禪修幾十年，從事茶道也幾十年，就是對趙州和向「吃茶去」這三個字一直耿耿於懷。究竟是叫他三個人就在這裡喝茶，還是到另外一個茶寮去喝茶？我說照我的理解，吃茶去的「去」字，只是個語氣詞，是當時口語中的一種習慣用法。這個去，不代表空間的轉換、時間的遷流，而是當下的。同時我們還可以想像，趙州和向那個時候在柏林寺，生活很清苦，要什麼沒有什麼，究竟有沒有茶喝還是個問題。那麼為什麼又要他吃茶去呢？可見當時吃茶的風氣很濃厚。至於說修行，它不是空的，修行是自己的事，別人沒有辦法來替代，也不一定是通過別人的肯定或否定，就可以把你修行的境界了然指出來。所以禪宗的祖師就提出來，修行這件事，修道這件事，是如人飲水，冷暖自知。這裡可以把它換一下：『如人喝茶，甘苦自知。』」〔註31〕

第三節　「茶禪一味」與審美

　　據資料記載，唐宋時期的名剎古寺一般都設有「茶堂」和「茶寮」，禪僧們常常在裏面品嘗香茗，探討禪理，切磋經論，並以茶招待賓客。而法堂的左上角懸掛著「茶鼓」，按時擊鼓來召集飲茶。而「寺院中專事燒水煮茶，獻茶款客的僧人稱之謂『茶頭』。一些寺院門前還有『施茶僧』，專為遊人惠施茶水。寺院茶也有不少名目，如供奉佛祖、菩薩、祖師的『奠茶』，按照受戒年限先後吸飲的『戒臘茶』，全寺上下眾僧共飲的『普茶』等。禪僧早起第一件事即飲茶，後再禮佛。飯後也是先品茶再做佛事。叢林還立下規則，每天

〔註31〕寇丹著：《喝茶中的禪》，《農業考古》，2005 年第二期。

需在佛前、祖前、靈前供茶，新住持晉山時舉行點茶、點湯儀式，供茶、點茶、點湯後來均納入佛教儀軌。專以茶湯開筵的，稱之爲『茶湯會』。每逢佛教節日，或朝廷欽賜丈衣、錫杖之時，則舉行盛大的茶儀。」〔註32〕

可見，茶因爲需要適應禪僧的生活而必然形成嚴格要求，飲茶逐漸成爲僧人們不可或缺的生活內容與參禪方式。而佛教對「行茶儀式」的美學提升，也隨著各類茶事活動的普遍展開，交流傳播日益廣泛而得到提升。同時，由於禪師心靈境界大部分較高的緣故，對於茶道是精益求精的態度，因而對品茶的講究以及茶器的日益精良，也大力推動了「茶禪一味」的美學化進程。宋代大學問家蘇東坡曾經寫過一首茶聯：「茶筍盡禪味，松杉眞法音」。已故中國佛教協會會長趙樸初老先生也寫過一首茶詩，曰「七碗受之味，一壺得眞趣。空持百千偈，不如吃茶去。」從這些茶聯、茶詩中不難從「禪」中聞到「茶」香，從「茶」中品到「禪」味。說到茶與禪的審美，可以發現它們在以下三個方面有著相通之處。

其一，在於飲茶時注重平心靜氣品味，修禪時亦注重靜定專注，茶道與禪悟均著重在主觀體驗。「禪定」由梵語「禪那」（Dhyana）的音與漢語「靜定」之義結合而成的。「禪那」略稱爲「禪」，鳩摩羅什將其譯爲「思惟修」，玄奘將其譯爲「靜慮」，又譯爲「定」。思惟修，是一心思維解習而得靜定，故名「思惟修」。這裡所說的思，不是人們對於色相幻相人世所作的思慮考量，而是一種通達無礙的觀照。《俱舍論》卷28對此有這樣的說明：「依何義故立靜慮名？由此寂靜能審慮故。」〔註33〕這裡的「寂靜」，是指人的內心裏在沒有紛亂無休的狀態下，能夠保持冷靜靈敏的覺心，對周遭進行眞正的觀照。靜即空，慮即慧，空出心才能產生慧果。禪那原是一種定心之法，因此有時也將其翻譯爲「定」。定也被稱爲「三昧」、「三昧地」、「三摩提」、「三摩地」等，意思是等持、等念。《壇經・坐禪品》中說：「何名禪定？外離相曰禪，內不亂曰定。外若著相，內心即亂。外若離相，內性不亂……外禪內定，故名禪定。」如何稱之爲禪定？外不執著於相，稱之爲禪；內不紛亂於心，稱之爲定。外執著於相，則內心紛亂；外不執著於相，則內心不亂……外禪內定，被稱之爲禪定。由此可知，禪定是止心一趣，寂靜安然，不因外境發生的變化而起紛亂妄念，在妄心雜念停歇的狀態下，用心若鏡地觀照萬事萬物，

〔註32〕趙長華著：《「茶禪一味」的文化境界》，《探索與爭鳴》，1997年6月。
〔註33〕《大正藏》第29冊，《阿毘達磨俱舍論》卷28，145b。

做到禪宗做說的「止觀雙修」。

因而有學者認為：「飲茶需心平氣靜地品味，講究井然有序地吸飲，以求環境與心境的寧靜、清淨、安溢。參禪要澄心靜慮地體味，講究專注精進，直指心性，以求清逸、沖和、幽寂。品茶是參禪的前奏，參禪是品茶的目的。二位一體，水乳交融。茶禪共同追求的是精神境界的提純與昇華。整個茶事過程，如碾茶時的輕拉慢推，煮茶時的『三佛水』，點茶時的提壺三注和吸茗時觀色、聞香、品味，都包含了體味、領悟自然真諦的哲理，並以此體悟佛性和超凡脫俗意韻，所以『茶禪一味』、『茶禪一體』至理之極。」〔註34〕飲茶能使人入靜寧思，止息煩亂，茶性潔淨，茶味沖淡。茶之「潔淨」與「沖淡」的自然屬性教參禪之人以淡泊的心態來面對人世間的悲歡離合，胎生濕生化生等等一切眾生，以及眼耳鼻舌身意帶來的種種塵垢和波瀾。不憂不喜，心頭沒有掛礙煩惱，平靜祥和的感受與修禪相通，皆為「明心見性」、「頓悟成佛」的方法與途徑。

其二，在品茶中溶進「清靜」思想，在專心品茶中使人沉靜如水，清淨自然。

僧人們通過飲茶意境的營造，把禪味與茶味結合起來。在寧靜的氛圍和空靈虛靜的心境中，汲水、舀水、煮茶、斟茶、喝茶這些平凡而簡單的行為都充滿著詩意的美。當茶的清幽香氛悠然浸潤身心時，人便在虛靜中變得空明，真切地體會著與大自然相融相樂的愉悅。古往今來，無論是高僧還是雅士，都用「淨靜之心」來品茶味茶。「淨」能纖塵不染，心無雜念；「靜」可觀萬物之變，洞察入微。唐代靈一和尚的《與亢居士青山潭飲茶》詩中描寫的就是這種情景：「野泉煙火白雲間，坐飲香茶愛此山。岩下維舟不忍去，青溪流水暮潺潺。」在野外青山的泉邊煮茶，任茶煙飄入天外白雲間，靜品香茗觀賞山色美景，風輕雲淡，山籟靜寂，只有溪流潺潺，直到暮色降臨仍不願歸去。如此的品茗意境與錢起的《與趙莒茶宴》中「竹下忘言對紫茶，全勝羽客醉流霞。塵心洗盡興難盡，一樹蟬聲片影斜」有著異曲同工之妙，只需用一個「靜」字概括，水聲和蟬聲都襯托出品茗環境的「靜」，也反映了品茗者的心境之「靜」。

袁中道在《爽籟亭記》中深刻地論述了凝神在審美過程中的重要作用，他說：「神愈靜，則泉愈喧也。泉之喧者，入吾耳，而注吾心，蕭然泠然，浣濯肺腑，疏瀹塵垢，灑灑乎忘身世，而一死生。故泉愈喧，則吾神愈靜也。」

〔註34〕趙長華著：《「茶禪一味」的文化境界》，《探索與爭鳴》，1997年6月。

神愈靜而泉愈喧，泉愈喧而神愈靜，在神情專一中物象紛呈浣淨靈府，從而更增加了心靈「虛靜」的程度。靜而觀，觀而靜，如是反覆，漸次深入，審美飛躍即在此反覆中。「靜」也是禪宗的最大特點，「禪」字本是梵文的音譯，其本意就是「靜慮」。通過靜觀的方式，排除一切雜念，專心致志地冥想，直到某一瞬間頓然領悟到佛法的眞諦。而茶之特性正是「沖淡閑潔，韻高致靜」〔註35〕，沖淡閑潔的茶性和高雅的神韻會將人最終導入「靜」的境界。「靜」在禪宗思想中具有非常重要的地位。禪字爲梵文的音譯，其本意譯成漢文就是「靜慮」，禪宗就是講究通過靜慮的方式來追求頓悟，大多以坐禪的方式排除內心的一切雜念，專心致志地冥想，以期頓悟佛法的眞諦。

其三，禪悟之後的豁然開朗，與飲茶之後給人的回甘清醒，有異曲同工之妙。

六祖慧能曾指出：「一切經書，及諸文字，小大二乘，十二部經，皆因人置，因智惠性故，故然能建立。若無世人，一切萬法，本元不有。故知萬法，本因人興；一切經書，因人說有。緣在人中有愚有智，愚爲小人，智爲大人。迷人問於智者，智人與愚人說法，令彼愚者悟解心解；迷人若悟解心開，與大智人無別。故知不悟，即是佛是眾生；一念若悟，即眾生是佛。故知一切萬法，盡在自身中，何不從於自心頓現眞如本性。」〔註36〕慧能認爲，一切經書和語言文字，小乘大乘十二部經，皆是因人而作。由於人們的心性和智慧不同的緣故，理解有所不同。如果沒有世間的人的存在，那麼一切佛法也就不存在了。所以說萬法經書皆因人而興起。人們愚智各有差別，愚鈍的爲小人，智慧的爲大人，有迷惑的人請教智者，智者爲其講經說法，令其解開心結頓悟眞如佛性，則與擁有大智慧的人沒有分別。因此如果沒有開悟，佛也就是眾生。如果一念頓悟，眾生就是佛。一切佛法都在自己身上，不必外求，通過自心的修煉來頓悟眞如佛性。可見，語言文字只是一種說法的方式，對於不同的人會顯現出不一樣的意義。智者運用語言文字向愚者說明佛法大意，來使迷惑之人開悟，萬法本在自心，只是通過旁敲棒喝讓其顯現出來。所以文字說法只是一種方式和路徑，不能立刻使人超凡入聖，而是通過它喚醒眾生去頓見其本身就有的、被凡塵障礙的眞如佛性，使迷途者換種方式和角度去看待迷處，從而頓悟。克勤禪師在《碧巖錄》第十二則中評唱「洞山

〔註35〕〔宋〕趙佶：《大觀茶論》。
〔註36〕郭明：《壇經校釋》，北京：中華書局，1983 年 9 月版，第 57 頁。

麻三斤」時指出：

> 古人有多少答佛話，或云「殿裏底」，或云「三十二相」，或云
> 「杖林山下竹筋鞭」，及至洞山卻道「麻三斤」。不妨截斷古人舌
> 頭。……更有一般道，只這麻三斤便是佛，且得沒交涉。你若恁麼
> （這樣）去洞山句下尋討，參到彌勒佛下生，也未夢見在。何故？
> 言語只是載道之器。殊不知古人意，只管去句中求，有什麼巴鼻！
> 不見古人道，道本無言，因言顯道，見道即忘言。〔註37〕

古人說過許多話來回答關於佛意，有的說殿裏底，有的說三十二相，有
的說丈林山下的竹筋鞭，到了洞山卻說麻三斤，都是為了截斷知識上的追問。
更有時候這麻三斤就是佛的，而且什麼都不交涉的。如果是這樣的話去洞山
那兒繼續追問，無論怎樣也參不出什麼來。語言只是承載佛法真意的器皿，
不管本意是什麼而只是在文字中去探求，什麼也得不到，佛道本是無言，因
為語言而顯現佛道，一旦悟道，語言的使命就完成了。在克勤禪師看來，語
言和文字只是禪道的「敲門瓦子」，就好像人們要過河需要船隻一樣，等到過
了河上了岸，就可以捨棄船隻了。

他們注重精神追求，淡泊物質享受和功利名份。這是他們得以保持那份清
純心境，以隨時進入藝術境界的前提。因而，妙悟是禪宗的重要修行法門和審
美方式。禪宗主張眾生皆有佛性，而佛性則是「教外別傳，不立文字，直指人
心，見性成佛」，只有通過「妙悟」才能體驗到佛性，以恢復內心的澄明。隨著
印度佛教傳入我國，妙悟的體驗方式逐漸影響了中國士大夫的思維方式與審美
心理，成為特有的一種審美體驗方式，「妙悟」的理論也慢慢被我國美學理論所
吸納、融合，轉化為一個具有極高價值和生命力的美學課題，並被運用到文學
藝術形式的審美之中解釋審美體驗，這在唐宋時期的詩詞經文當中表現得很突
出。唐代的畫論家張彥遠就用「妙悟」論，來品評東晉畫家顧愷之的維摩詰像，
他在《歷代名畫記》中寫道：「遍觀眾畫，惟顧生畫古賢，得其妙理，對之令人
終日不倦，凝神遐想，妙悟自然，物我兩忘，離形去智。」贊賞顧愷之的繪畫
傳神地表現出人物的氣韻，使人們在觀賞其畫作後著迷不已，終日不倦，達到
妙悟自然，物我兩忘的凝神之境。這是較早使用「妙悟」一詞來說明藝術欣賞
心理的例子。宋代隨著禪宗的深入，以禪喻詩成為了風尚。「大抵禪道在妙悟，

〔註37〕〔宋〕雪竇重顯禪師頌古、圓悟克勤禪師評唱：《碧巖錄》第十二則，河北禪
學研究所，2006年1月版，第70頁。

詩道亦在妙悟」，使得妙悟這一體驗方式更加得到認同。

嚴羽在《滄浪詩活》中提出的「一味妙悟」，「惟悟乃爲當行，乃爲本色」等言論，標誌著作爲美學範疇的「妙悟」的發展，影響了人們對於審美活動的認識。「嚴羽之後，妙悟論說很多。如明代謝榛、清初陳宏緒，二人特別分別了禪悟和詩悟的本質差異，以爲詩悟不同於禪悟的性空之處恰在於詩悟喚醒了寄予詩的萬千形象中的自由情致，成爲對妙悟說的發揚和補充。由於妙悟說是在與詩味說的對照以及與其他審美命題和範疇的比較中脫穎而出的，所以妙悟之後，有關情景關係、意象關係、情理關係、形神關係的命題基本成爲圍繞妙悟進行多層次多方向闡釋的附屬命題，而味、神、比興、美刺等則成爲與妙悟相對照的次要範疇。實際上曾經先後融匯儒、道、釋各家思想的明清詩味說也不再被當作詩歌審美的最高標準。」〔註38〕

茶對於參禪悟道的人也是一樣，「碾茶過程中的輕拉慢推，煮茶時的三沸判定，點茶時的提壺高注，飲茶過程中的觀色品味，都借助事茶體悟佛性，喝進大自然的精英，換來腦清意爽生出一縷縷佛國美景。」〔註39〕這是一種純粹的美的意境，也是體悟禪道的途徑與方式。而原本生活就是人生修行的道場，茶是生活的一部分。日本禪學研究者鈴木大拙認爲：「事實上，禪道就是生活之道，而生活則是活、動、行，並不僅指思想。因此，對禪來說，它的發展應該指向活動，或更正確地說應該體驗它的道而不是用語言進行表示或說明，也就是不用觀念加以表示或說明，這不是很自然的事嗎？現實生活並無什麼邏輯，因爲生活是先於邏輯的。」〔註40〕希望離開生活去修行，頓悟見性，就如同尋覓兔角一般不可能。茶作爲日常生活的一部分，烹煮品飲無不透顯著禪機。而得道高僧能悟得禪意與茶性之間的滋味，也是由於能保持內心的純淨與淡泊，通過茶道來妙悟禪道，進入與其本身的修養及其精神境界有關。

而從唐代起，許多寺院就在禪門清規的基礎上逐漸形成完整而具體的飲茶程序和禮儀。寺院裏飲茶之風日益興盛，僧人們常聚集在莊嚴雄麗的殿宇

〔註38〕 劉鵬著：《從味到妙悟：中國古典文藝美學中的道家審美思想》，暨南學報（哲學社會科學），第 23 卷第 1 期，2001 年 1 月。

〔註39〕 梁子著：《中國唐宋茶道》山西人民出版社，1994 年。

〔註40〕 〔日〕鈴木大拙著：《禪風禪骨》，北京：中國青年出版社，1989 年 10 月版，第 166 頁。

樓閣之下，煎水烹茗，在啜飲間研修佛意。有的寺廟到了每年的春季，會舉行茶宴來招待高貴的賓客。例如徑山萬壽禪寺〔註41〕舉辦的徑山茶宴，就形成了一套固定的儀式，「在茶宴上，要坐談佛經，表演茶道，吟詩作詞。如浙江餘姚徑山寺的徑山茶宴就有一定程序，先由主持僧親自『調茶』，以表對全體佛眾的敬意。然後由僧一一獻給賓客，稱為『獻茶』。賓客接茶後，先觀茶色，後聞茶香，再品茶味，評其茶，贊其好。把佛家清規、品茶談經與佛教哲理、人生觀念都融為一體，開闢了中國茶文化的新天地。」〔註42〕作為中國禪門清規和茶會禮儀結合的典範，徑山茶宴的儀式程序包括有：張茶榜、擊茶鼓、恭請入堂、上香禮佛、煎湯點茶、行盞分茶、說偈吃茶、謝茶退堂等儀式程序，賓主或師徒之間用「參話頭」的形式問答交談，機鋒偈語，慧光靈現，是我國以茶味悟禪味的經典樣式。

可以說，茶與禪的緊密結合大體反映了我國古代寺院茶道的形式和理念，對禪茶文化的傳播起到了推波助瀾的作用。余悅也曾說過：「尤其值得大書一筆的是，禪宗逐漸形成的茶文化的莊嚴肅穆的茶禮、茶宴等，具有高超的審美思想、審美趣味和藝術境界，因而它對茶文化推波助瀾的傳播，直接造成了中國茶文化的全面興盛及禪悟之法的流行。」〔註43〕當茶事融入禪事，茶味便與禪味融合為一，趙州禪師的一句「吃茶去」雖然暗藏機鋒卻又如此平淡如常。當茶煙嫋嫋升起，清香彌漫，僧人們使用最為簡樸的茶具來專心吃茶，氣氛如此安然閒雅。而在空寂的禪房內，坐禪參悟，青燈黃卷下用功之時，茶味又能洗淨凡塵。禪的精神在於悟，茶的精神在於雅。悟的反面是迷，雅的反面是俗。迷者迷於貪嗔癡，悟者悟於戒定慧。貪嗔癡乃人生修養必除之三毒，戒定慧乃人生成就必修之三學。人生執三毒而不覺，是為迷失之人生；人生修三學而恆覺，是為覺悟之人生。人生執三毒而迷，不離日用事；人生修三學而覺，亦不離日用事。人生在日用事中迷，人生亦在日用事中覺。迷失與覺悟，同在一件事情上起作用，同在當下一念之間的迷惑與覺照。品茶作為一種特殊的心性修養形式，其目的就在於通過強化當下之覺照，實現從迷到悟、從俗到雅的轉化。

〔註41〕 徑山萬壽禪寺位於浙江省杭州市餘杭區徑山鎮徑山，肇建於中唐，興盛於宋元，是佛教禪宗臨濟宗著名寺院，南宋時為皇家功德院，雄居江南禪院「五山十剎」之首，號稱「東南第一禪院」。

〔註42〕 岡夫編著：《茶文化》，中國經濟出版社，1995年，第44頁。

〔註43〕 余悅著：《「茶禪一味」的三重境界》，《農業考古》2004年第2期，第213頁。

一念迷失，禪是禪，茶是茶；清者清，濁者濁；雅是雅，俗是俗。一念覺悟，禪即是茶，茶即是禪；清化濁，濁變清；雅化俗，俗變雅。

　　由迷到悟是一個長期參悟的過程，由俗到雅也是一個持久修養的過程。禪也是一樣，平常而持久，或者一瞬間即可開悟。不一定需要談玄說妙，也無需引經據典，悟禪需要「空」，而飲茶時一次一次的空杯，都給人這樣的提示。茶杯空時可容納，過滿便會茶水溢出。人的心如果能保持「空」的狀態則無物不容，無物不納，因緣觸發，禪機自顯。可以說，平淡清雅的「茶」給禪修的人提供了一條柔和入靜的路，入靜之後才能如實地觀照真如，品味禪的興味達到明心見性的禪悅之美。

第五章 茶道與美育

在傳統文化的指引下，茶道與其他藝術的美育功能是相類似的，另一方面也具有自己獨特性。茶道的美育功能大致表現在個人、社會和自然三個方面，從個人這個角度而言，茶道有著怡情養性的作用。對於社會，茶道有著薰德陶化完善禮儀的作用。而對於自然來說，茶道讓人們與天地自然相融合，天人合一的思想得到了體驗和實現。

第一節 個人——怡情養性

宋徽宗在《大觀茶論》中指出：「至若茶之爲物，擅甌閩之秀氣，鍾山川之靈稟，祛襟滌滯，致清導和，則非庸人孺子可得而知矣；中澹閑潔，韻高致靜，則非遑遽之時可得而好尚矣。」茶性將人們容易波動起伏的性情導向恬靜與愉悅。可見，飲茶不僅可以益身，還有利於人們怡情養性。

首先，關於「性」的涵義，有學者認爲「性」概「指那自然而本然者言，即自然如此，本然如此之性向、性能、性好、質性或質地。分開講，則可指生物本能、生理欲望等生命自然特徵；或指剛柔、清濁、智愚等氣性、才性的氣稟之性；亦可指超越的義理當然之性，如道德生命、精神生命等」〔註1〕。告子首次對「性」這一重要範疇進行明確闡釋，提出了「生之謂性」的說法。荀子承襲並完善了告子的說法，提出「生之所以然者謂之性」〔註2〕、「性者，

〔註1〕 牟宗三：《心體與性體》（上冊），上海：上海古籍出版社，1999 年，第 169 頁。
〔註2〕 《荀子・正名》。

本始材樸也」〔註3〕，認為「性」是指生而有之的天然本性。

《禮記‧樂記》對人性有這樣的描述：「人生而靜，天之性也。感於物而動，性之欲也。物至知知，然後好惡形焉。好惡無節於內，知誘於外，不能反躬，天理滅矣。夫物之感人無窮，而人之好惡無節，則是物至而人化物也。人化物也者，滅天理而窮人欲者也。於是有悖逆詐偽之心，有淫佚作亂之事。」這裡所說的「天之性」是指人的自然、本然之性。人心原本是清靜的，這是天生的稟性。人心與外物接感而有所動，是本性派生出的情慾。外物紛至杳來，心智加以感知，而後形成了愛好與憎惡之情。因此，若愛好與憎惡之情在心中沒有適當的節制，而為人們所感知的外物又不斷地誘惑，一旦人不能反躬自省，那麼其天生的理性就會滅絕。眾多的外物來感於人，如果人對好惡沒有節制，進而情慾恣長，於是就泯滅了天生清靜之性。這樣一來人便生悖逆詐偽之心，淫佚作亂之事也就出現了。對「性」是「感於物而動」的命題進行了闡發，從對人性的基本觀點出發來闡述制禮作樂及推行禮樂教化的必要性。

其次，由於所處時代和社會環境的不同，我國的思想家們看到人們在社會生活中的不同表現，對人性問題進行了更深入的思考，相繼提出了自己的看法。孔子曰：「性相近也，習相遠也」〔註4〕，認為「性」乃先天之稟賦，「習」為後天之習行。雖未對人性的善惡問題進行明確的界定，但孔子認為人具有相近的天賦秉性，是後天的習行使人產生了差異。這一思想一直影響著以後各派關於人性的思想發展。孟子認為人性本有善端：「惻隱之心，仁之端也；羞惡之心，義之端也；辭讓之心，禮之端也；是非之心，智之端也。人之有是四端也，猶其有四體也」〔註5〕，肯定人先天就有惻隱、羞惡、辭讓、是非之心。而荀子則認為人本性為「惡」，「無偽則性不能自美」〔註6〕。與人性觀點相對應，孔子提出要「文之以禮樂」〔註7〕，人的習行應「興於詩，立於禮，成於樂」〔註8〕。他不僅把「樂」作為成人的最後階段，而且也極為重視情感的體驗。這裡的樂，不僅是指音樂，也指各種藝術。孟子繼承和深化了孔子

〔註3〕《荀子‧禮論》。
〔註4〕《論語‧陽貨》。
〔註5〕《孟子‧公孫丑上》。
〔註6〕《荀子‧禮論》。
〔註7〕《論語‧憲問》。
〔註8〕《論語‧泰伯》。

「樂以教民」的理論，強調「教以人倫」，提出善教可得民心「仁言不如仁聲之入人深也，善政不如善教之得民也。善政，民畏之；善教，民愛之；善政得民財，善教得民心」〔註 9〕。荀子為了防止產生大亂之道，故提出：「故人不能無樂，樂則不能無形，形而不為道，則不能無亂。先王惡其亂，故製雅頌之聲以道之」〔註 10〕。

再次，情與性是相互聯繫的。《禮記・樂記》中有「情動於中，故形於聲」、「樂者，心之動也」的提法，所謂「情動」與「心動」均可理解為人內心感應外物而產生的情感波動。「情」，根源於人的天性。正義曰：「自然謂之性，貪欲謂之情，是情、性別矣」〔註 11〕。「情」重在表達人性之欲望，故解作「情慾」較為適宜。《中庸》亦曰：「喜怒哀樂之未發，謂之中；發而皆中節，謂之和。中也者，天下之大本也；和也者，天下之達道也。」朱熹注：「喜怒哀樂，情也。其未發，則性也。……大本者，天命之性。」〔註 12〕主張內在於心為性，形見於外則為情，性與情緊密相關。故賀玚認為「性之與情，猶波之與水，靜時是水，動則是波；靜時是性，動則是情。」〔註 13〕由此可知，情之所用非性，亦因性而有情，則性者靜，情者動。「夫民有血氣心知之性，而無哀樂喜怒之常，應感起物而動，然後心術形焉。」〔註 14〕認為人天生都有血氣心智之性，而哀樂喜怒卻變化無常，人心感應外物而念慮興動，形成各種心術。「血氣」稟於自然，乃人所生而俱之；「心知」謂「心」與外物、外境接感後的認知能力。內心應感，起於萬物，謂物來感己，心遂應之，念慮興動，故云「應感起物而動」，然後心之所由道路而形見也。這裡提到的「血氣」是生命體的基礎，血氣就是生機。

因此，「氣」被看作中國哲學的重要範疇之一，人們認為天地、宇宙中的一切都是一氣運化的產物。而自古也有大、小宇宙的提法，認為和天地大宇宙一樣，人的生命體是小宇宙，是一個和諧融和的系統。莊子認為「人之生，

〔註 9〕 《孟子・盡心上》。
〔註 10〕 《荀子・樂論》。
〔註 11〕 鄭玄（注）、孔穎達（疏）：《禮記正義》，《十三經注疏》，北京：北京大學出版社，1999 年。
〔註 12〕 朱熹：《四書集注》。
〔註 13〕 鄭玄（注）、孔穎達（疏）：《禮記正義》，《十三經注疏》，北京：北京大學出版社，1999 年。
〔註 14〕 《樂記》。

氣之聚也，聚則爲生，散則爲死」、「通天下一氣耳」〔註15〕。荀子說：「人有
氣有生有知亦有義，故最爲天下貴也。」〔註16〕《淮南子》中說：「夫形者，
生之舍也，氣者，生之充也；神者，身之制也。」血氣使得每個小宇宙充滿
了生意，但外部的影響和人性的欲望，有時也會輕易地破壞這種平衡與和諧。
孔子說：「君子有三戒：少之時，血氣未定，戒之在色。及其壯也，血氣方剛，
戒之在鬥。及其老時，血氣既衰，戒之在得」〔註17〕。這裡所說得「戒」，是
強調人的意志對血氣進行理性的控制和引導。孟子說：「夫志，氣之帥也」〔註
18〕。志與理智有關，因此也可說人的理智是氣的統率。

　　而茶可以讓人們沉下心靜下氣，審視自己的內心與外境，自省慎獨，由
此達到心平氣和。人只有清醒地認知自我，才能發現自性被障蔽，從而擺脫
塵世束縛，修養身心，完善自我。清醒透徹地認識世界，才能將事物運動發
展的紛繁關係和本質規律，從而透過現象認識本質。飲茶可以體悟到自身與
自然之間的統一，進一步感受到宇宙萬物之間的相互依存與統一。茶性符合
傳統文人的審美情趣，清和的茶性正與文人的君子之性相契合，在文人那裏，
茶道通於人道，兩者不能分離。

　　道家學派尤爲注重守靜的工夫，認爲茶的清幽香氛悠然浸潤身心時，人
便在虛靜中變得空明，汲水、舀水、煮茶、斟茶、喝茶這些平凡而簡單的行
爲，讓人克去私欲，使心體回複本性的清明寂靜，然後能不致爲紛雜的外物
所擾亂，觀察出萬物演化歸根，最終才能悟道。

　　儒家則將這具有靈性的茶葉與人們的道德修養聯繫起來，認爲通過整個
品茶活動會促進人們的人格完善。文人儒士作爲社會的主流精神群體，將修
身齊家治國平天下作爲歷史賦予的使命，責任感促使他們積極入世，對建功
立業一心嚮往。仕途的坎坷使其哪怕舉步維艱也不輕言放棄，郁郁不得志之
時，仍堅守信念，等待時機的到來。無法「兼濟天下」之時便「獨善其身」，
堅持自律其身，提高道德修養來完善自身的人格。在振興家國、兼濟天下的
神聖使命和仕途坎坷、生活艱難的矛盾中，通過品茗的方式來擺脫世俗塵囂，
洗心淨慮。將渴望寧靜淡泊、豁達悠然心態借由茶來獲得，茶的淳樸自然，滌

〔註15〕　《莊子・知北遊》。
〔註16〕　《荀子・王制》。
〔註17〕　《論語・季氏》。
〔註18〕　《孟子・公孫丑上》。

煩醒神的特質使人心情恬淡愉悅，意志也更爲堅定。白居易在《琴茶》中寫道：「兀兀寄行群動內，陶陶任性一生間。自拋官後春多醉，不讀書來老更閑。琴裏知聞唯《淥水》，茶中故舊是蒙山。窮通知止常相伴，誰道吾今無往還。」琴與茶常常伴隨著詩人，茶香琴韻相得益彰。這首詩猶如一幅閑適安逸的撫琴品茶圖，將文人生活展現在眼前。而明代朱權在《茶譜》序中說：「予嘗舉白眼而望青天，汲清泉而烹活火，自謂與天語以擴心志之大，符水火以副內練之功，得非遊心於茶灶，又將有裨於修養之道矣。」把自己在沏茶品茗的整個過程中望青天、汲清泉、烹活火，對於茶能陶冶心志、修煉品性和完善人格的體會進行了描寫，著力強調了茶對於開闊人心志以及修養身心的作用。

　　禪宗認爲外在的物與境，皆是由「心」所生，如同鏡花水月一般是幻象泡影，這種思想使人們超越了生活的局限，周圍所遇到的人與事都處於生滅的軌道中，無論是非得失，名利成敗，都會消逝不在，或者是自然轉化，或者隨著人與事的變化而轉化，最後歸於寂滅。而心靈的空、靜是禪宗審美的必要條件，六祖慧能在《壇經》中說：「何名禪定？外離相曰禪，內不亂曰定。外若著相，內心即亂。外若離相，內性不亂……外禪內定，故名禪定」〔註19〕。「止觀雙運」的禪定，是佛教各宗派通用的修持方法，通過禪定修行能擺脫外界的干擾，保持內心平靜空靈，觀察自身的呼吸與存在，觀察自己心念的變化，最終明心見性，頓悟到佛典之真義，獲得解脫而自由來去。禪宗認爲，人只要一旦覺悟到外部世界的一切都只是人心中所生的幻象，不再執著於有與無的區分，這樣就能超越世間的得失、是非、榮辱、壽夭，獲得自由解脫，同時也就進入了美的境界。〔註20〕古往今來，無論是高僧還是雅士，都用「淨靜之心」來品茶。「淨」能纖塵不染，心無雜念；「靜」可觀萬物之變，洞察入微。在寧靜的氛圍和空靈虛靜的心境中，都充滿著詩意的美，真切地體會著與大自然相融相樂的愉悅。

　　以上這些，都是闡明沖和靜謐的茶對人們產生的影響和作用。和大自然之精粹緊密相連的茶具有平和、恬淡、清和、高雅的品性，深得茶人的喜愛。茶品之清高獨具靈性，有助於人們修身養性、陶冶情操，能促使人們超脫世

〔註19〕　〔唐〕慧能著、郭朋校釋：《壇經校釋》，北京：中華書局，1983年版，第37頁。

〔註20〕　《中國哲學與中國藝術文化中的境界》，劉綱紀著：《傳統文化、哲學與美學》，武漢：武漢大學出版社，2006年版，第537頁。

俗的羈絆，尋求自由的精神家園。茶能使人們在紛亂的世俗中，受浮躁不良風氣影響時，及時感應茶的「滌清」特質，從而保持內心的純淨和美善。

第二節　社會——薰德陶化

茶是一種理性的飲料，它給人的身心帶來的是冷靜與平和，而反觀先於茶出現的酒，卻沒有如此作用。而探尋當今中國社會茶道振興的途徑與意義的根本也在於此。茶與酒的不同之處在於以下幾點：

（1）中國古代飲酒先於飲茶。商末有酗酒之風，故商亡後周初曾嚴厲禁酒。（見《尙書·周書·酒誥》）至孔子，不主張禁酒，但提出「不爲酒困」〔註21〕，爲了不爲酒所亂，又提出「唯酒無量不及亂」〔註22〕。這是儒家對飲酒的根本規定，即防止因過量飲酒而產生違背禮法道德的非理性行爲。這是一個有重要意義的正確的看法，與古希臘以至後來尼采推崇非理性的「酒神精神」不同。

（2）至魏晉時期，由於戰亂頻繁，人世艱難，而酒有麻醉作用，可以消憂，故飲酒之風大盛。但曹操是一個胸懷大志的人物，絕非一個沉湎於酒色的酒徒，故全詩最後歸結到「周公吐哺，天下歸心」。曹操之憂乃憂國憂民。至東晉，有劉伶所作的《酒德頌》，看來要以痛飲打破儒家禮法去近於莊子，實際是一種頹廢虛無的思想，和曹操的以酒解憂不可同日而語。

（3）至唐初，飲酒之風又在文人中興盛起來，但其思想又與劉伶不同，目的在通過飲酒而達到莊子所說「法天貴眞，不拘於俗」的境界，並以此激發文人藝術家的創作靈感。這集中表現在杜甫的《飲中八仙歌》一詩中。到陸羽的《茶經》出現，飲茶之道大行之後，皮日休一方面寫了《酒中十詠》，並在序中提出「酒道」這一概念，認爲酒可使人消憂，忘懷人世得失，但同時又重申了孔子的「不及亂」的思想，那就是愚不可及的行爲。在寫了《酒中十詠》之後，皮日休又寫了《茶中雜詠》，在序中充分肯定了陸羽宣導飲茶之功，並強調飲茶的養生功能。雖然這還不夠全面，但在皮日休看來，他所說的「酒道」在「不及亂」的前提下，是可與《茶道》同時存在，並行不悖的。這種看法是合理的。

〔註21〕《論語·子罕》。
〔註22〕《論語·鄉黨》。

（4）由此可以提出飲茶與飲酒或「茶道」與皮日休所言的「酒道」有何區別。總的來看，飲茶是一種理性平和的品味，不僅有利於養生，而且有助於道德的涵養，不會如飲酒那樣產生非理性的行為，因此具備飲酒所不能取代的特殊功能。今天，在飲酒上我們仍須謹守孔子提出的「不及亂」的原則，使人不至成為縱酒的酒色之徒。

《禮記》云：「夫禮之初，始諸飲食。」《禮記》是我國古代重要的記錄典章制度的資料，認為禮的創制最初是由飲食開始的。弘君舉在《食檄》中曰：「寒溫既畢，應下霜華之茗」，說的是人們相見之後，經過一番寒暄，一般會習慣地喝杯沫浡白如霜華的好茶，以示禮儀。而「中國人使用食物來辨別族群、文化變遷、曆法與家庭事務，以及社會交往。」〔註 23〕說明食物在素以禮儀之邦為茶的中國，一直在辨別族群，顯示文化的變遷、曆法和家庭大小事務中扮演著重要的角色，體現了社會交往的形態。而茶器的設計也包含了古代禮器的思想在裏面，有學者認為「『瓢，一曰犧杓……』瓢所以也稱為犧杓，可能是陸羽取法於犧尊、犧象等具有文采、景仰之義的美稱。而這個杓子也可能會雕有紋飾。將鹽巴罐取名為鹵差簋和瓢取名為犧杓的意義是一樣的，顯然陸羽喜歡為茶器塗上一層禮器的色彩。從這裡可以感覺出陸羽對茶的喜愛、珍惜和敬謹。」〔註 24〕

而我國古代社會構成的基礎是由家而國，由父子而君臣，由親親而尊尊的倫理化結構。「人道親親也。親親故尊祖，尊祖故敬宗，敬宗故收族，收族故宗廟嚴，宗廟嚴故重社稷」〔註 25〕，把父慈子孝，兄友弟恭的家族血緣倫理加以推展，主張由「孝悌」而「忠敬」，把「君君臣臣父父子子」的政治化的倫理規範作為「人道之本」。這種倫理化的社會結構也理所當然地成為了古代禮樂教化的立論基石和主要內容。因為，在這樣的社會中，各階層的人們只有明曉禮義才能各安其位，才能尊卑有序。「從哲學基礎上看，儒家和諧美學思想當以『中和』二字為要。」〔註 26〕我國傳統的觀點也認為，凡事要將求「中和」的原則。何謂「中和」呢？《中庸》云：「喜怒哀樂之未發，謂之中；發而皆中節，謂之和。中也者，天下之大本也；和也者，天下之達道也。

〔註 23〕尤金‧N‧安德森著、馬纓劉譯：《中國食物》，南京：江蘇人民出版社，2002年版，第 199 頁。

〔註 24〕林瑞萱著：《陸羽茶經的茶道美學》，《農業考古》，2005 年第二期。

〔註 25〕《禮記‧大傳》。

〔註 26〕朱良志：《中國美學十五講》，北京大學出版社，2006 年，第 307 頁。

這是說，人的喜怒哀樂是由外物感發而來，外物沒有來感發時，心性是澹然虛靜的，內心沒有去思慮而能合於理，稱之爲「中」。若人的心性受到外物感發表現出喜怒哀樂之情，只要能使加以節制，便能使得人們心性和諧，稱之爲「和」。孔穎達疏曰：「情慾未發，是人性之初本，故曰天下之大本也。情慾雖發而能和合，道理可通達流行，故曰天下之達道也。」〔註27〕朱熹認爲，未發之性無所偏倚稱之爲「中」。「中」是天下之大本，意爲天下之理都由此而出。

因此有人說，「具體的儀節有禮書的制度可以遵從，而禮作爲一種規範，首先是一種『內在化』的社會控制，內化於人的性情和倫理規範之中，使人從內心接受禮的精神，認爲對禮的遵從使人性所固有的，使應然的。這樣便可以在無意識中自然的遵循禮的要求，符合禮的規範」〔註28〕。茶葉性儉而聖潔，以茶祭獻是向神靈、先祖和逝去之人等表達虔敬之心的最佳方式，因此古人常用茶來進行祭祀。以茶祭祀的歷史由來已久，唐朝時人們就以舉辦茶宴的方式來祭祀泰山。據《泰山述記》記載，唐代的張嘉貞、任要、韋洪、公孫杲等四位文人，在「貞元十四年（789）正月十一日立春祭嶽，遂登太平頂宿。其年十二月二十一日再來致祭，茶宴於茲。」記載了四人祭祀泰山一事，而茶宴祭神的程序是首先將乾茶獻於神靈之前，以示令神靈享受茶之眞香，然後一步一步懷著虔誠的心按照正常的程序烹茶獻茶，以表敬意。祭祀完成之後，將茶水潑灑於地面上，告慰神靈，乞求平安。

宋徽宗趙佶在《大觀茶論》中指出「沖淡閑潔，韻高致靜」的茶，能以其沖淡閑潔的品性和高雅的韻味將人引導進入寧靜的境界之中。他在《大觀茶論》中又說：「縉紳之士，韋布之流，沐浴膏澤，薰陶德化，盛以雅尚相推，從事茗飲。」認爲當時的社會茶事興盛的原因是由於縉紳、韋布之流的飲茶者，「沐浴膏澤，薰陶德化」所致，也就是說人們因爲受到社會的道德教化之後，才將飲茶作爲雅事去熱衷的。毋庸置疑，趙佶作爲統治者將道德教化對於飲茶之風的推動給予了相當的重視，但飲茶在一定程度和一定場合上也的確體現了道德倫理的傳統觀念。「茶之爲物，袪積也靈，寐昏也清，賓客相見，

〔註27〕鄭玄（注）、孔穎達（疏）：《禮記正義》，《十三經注疏》，北京：北京大學出版社，1999 年。

〔註28〕劉豐：《先秦禮學思想與社會的整合》，北京：中國人民大學出版社，2003 年，第 102 頁。

以行愛恭之情者也。天下之人不能廢茶，猶其不能廢酒，非特適人之情也，禮之所在焉」〔註29〕，茶這種能祛除淤積，提神醒思的飲品，人們見面表示恭敬之情誼時常常用到。不能沒有茶，就像不能沒有酒那樣，不是特意專門為人們抒發情感，而是禮的緣故。可見，飲茶已被提到了「禮」的高度。比如「賓主設禮非茶不交，而私家之用皆仰於此。」〔註30〕茶葉也的確發揮了這樣的功能，用茶待客已成為唐宋時期的風俗。「客至則設茶，欲去則設湯，不知起於何時。然上自官府，下至閭里，莫之或廢。」〔註31〕遼朝亦有以茶待客之風俗，據知「遼人相見，其俗先點湯後點茶。至飲會亦先水飲，然後品味以進。」〔註32〕宋代的太學生還設有茶會：「太學生每路有茶會，輪日於講堂集茶，無不畢至者，因以詢問鄉里消息。」〔註33〕這些都是人們在各種場合以茶待客的例證。

　　寺院裏的茶葉除了僧人自用與贈送客人之外，還用來供佛。「覺林院收茶三等，待客以驚雷莢，自奉以萱草帶，供佛以紫茸香。蓋最上以供佛，而最下以自奉也。」〔註34〕在官府的禮儀中，茶也扮演著重要角色。宋哲宗元祐元年正月，三省、樞密院上言：「禮部尚書韓忠彥等議太皇太后駕出，合隨從臣僚起居對賜茶酒等儀式，詔並從之。」〔註35〕在喪禮中亦用茶葉。宋哲宗去世時，使用茶葉祭奠：「宰臣再升殿，奠茶酒訖，移班詣東序，賀皇帝即位。」〔註36〕很可能在南宋和元朝時，茶葉開始作為婚禮用品，作為整個婚禮或采禮的象徵而存在。〔註37〕茶葉在唐宋時期還被最高統治者用來協調統治階級的內部關係，維護封建社會的等級秩序。唐宋政府經常賞賜茶葉給官吏士人。宋代賞賜大臣的茶葉曾有龍鳳飾面，仁宗明道二年三月始改用入香京挺，原因即在於最高統治者認為龍鳳飾面茶葉只有皇室才有資格擁有、享用，且龍

〔註29〕　〔宋〕黃裳：《演山集》卷46《茶法》，臺灣影印文淵閣《四庫全書》本。
〔註30〕　〔宋〕林駉：《古今源流至論續集》卷4《榷茶》，臺灣影印文淵閣《四庫全書》本。
〔註31〕　〔宋〕佚名：《南窗紀談》，臺灣影印文淵閣《四庫全書》本。
〔註32〕　〔宋〕朱彧：《萍洲可談》卷1，臺灣影印文淵閣《四庫全書》本。
〔註33〕　同上
〔註34〕　《蠻甌志》，陳祖槼、朱自振編：《中國茶葉歷史資料選輯》，北京：農業出版社，1981年版，第268頁。
〔註35〕　〔宋〕李燾：《長編》卷264《元祐元年春正月》，中華書局點校本。
〔註36〕　〔宋〕李燾：《長編》卷520《元符三年春正月》，中華書局點校本。
〔註37〕　朱自振：《茶史初探》，北京：中國農業出版社，1996年版，第203頁。

在中國一直是皇帝的象徵，如仁宗太后所云：「此豈人臣可得？」〔註38〕

例如在《紅樓夢》中，全書共有 120 回，其中有 112 回講到茶，而茶所涉及到的人物從地位低微的丫鬟到德高望重的賈母，人物的個性刻畫以及長幼尊卑的序列都與茶有著較爲密切的聯繫。若從文學創作的角度來看，《紅樓夢》裏所描寫的茶飲，是爲塑造人物形象而表現的，對於人物的身份地位、內心情感與思想都有一定的詮釋和渲染的作用。據統計，《紅樓夢》全書約有 273 餘處提到茶字，而其中所提到的「六安茶」、「老君眉」、「龍井茶」等均爲朝庭貢茶，可見賈府的飲食品質之高，日常生活的規格向皇宮看齊由此可見一斑。

在我國古代，「整個宇宙被看作是由一定數量關係的基本要素所構成的合規律的整體，它有其內在必然的結構和規律，不是雜亂無章的」〔註39〕。單襄公說：「天六地五，數之常也」〔註40〕，所謂「天六」是指「天有六氣」，即陰、陽、風、雨、晦、明，而「地五」是指「地有五行」，即金、木、水、火、土。古人認爲世間一切事物，從宇宙、自然到人類社會，都與「六氣」、「五行」密切聯繫。六氣中最爲重要的是「陰」、「陽」二氣，這兩種相互排斥的力量在鬥爭中調和，成爲生成萬物、決定世界的運動變化的本源。到了戰國之世，鄒衍將陰陽與「五行」的觀念結合在一起，構成了陰陽五行學說。作爲「五行」的金、木、水、火、土皆爲自然界的產物，五行又產生五味、五色、五聲。

首先，我國有以茶睦鄰的傳統，敬茶是改善鄰里關係使之和睦相處的有效方式。宋代的孟元老在《東京夢華錄》中記載了汴京和杭州的「支茶」傳統，「支茶」是指如果有外地人進入汴京居住，或者遇到本地有人家喬遷新居，周圍的鄰居會熱情地送來茶湯表示歡迎與慶賀，或是將客人請到自己的家中吃茶，以期日後的相處能相互關照。宋代吳自牧在《夢粱錄》中有這樣的記載：「杭城人皆篤高誼，……或有新搬移來居止之人，則鄰人爭借助事，遺獻湯茶」和「相望茶水往來」，都是說的這種以茶睦鄰的傳統。明代田汝成在《西湖遊覽志餘》卷二十中曰：「立夏之日，人家各烹新茶，配以諸色細果，饋送

〔註38〕〔宋〕李燾：《長編》卷 112《明道二年五月》，中華書局點校本。
〔註39〕李澤厚、劉綱紀：《中國美學史》（先秦兩漢編），安徽：安徽文藝出版社，1999年，第 78 頁。
〔註40〕《國語・周語下》。

親戚比鄰，謂之『七家茶』。富室竟侈，果皆雕刻，飾以金箔，而香湯名目，若茉莉、林檎、薔薇、桂蕊、丁檀、蘇杏，盛以哥、汝瓷甌，僅供一啜而已。」如今我國的江蘇等地，人們在立夏的日子會去鄰居家裏求取茶葉，然後用隔年的木炭來烹煮茶湯。這種茶稱之為「七家茶」，可以說古往今來人們將茶葉視為鄰里之間和睦友好的象徵。

其次用茶來作為禮品贈送親友，也是我國聯絡情誼的傳統。人們以茶來象徵對方的品德的清儉與高潔，將好茶與好友分享。這樣的記載在文學作品中常可以見到，自唐代以來就有許多描寫以茶贈友的詩篇。唐朝是我國封建社會史上的鼎盛時代，政治經濟文化各領域都發展得非常繁榮。而茶文化和詩歌也都在這一時期有很大的發展。茶能引發詩人的才思，因而備受詩人青睞，兩者相互促進，相得益彰。如徐夤在《謝尚書惠蠟面茶》中所寫的：「金槽和碾沉香末，冰碗輕涵翠縷煙。分贈恩深知最異，晚鐺宜煮北山泉。」詩人收到友人遠地寄來的新茶，比收到其他珍貴禮物更加喜悅。齊己在《謝中上人寄茶》寫道：「春山穀雨前，並手摘芳煙。綠嫩難盈籠，清和易晚天。且招鄰院客，試煮落花泉。地遠勞相寄，無來又隔年。」一年一次寄贈的春茶，烹煮品賞時如同品味清新細膩的友情那麼美好。曹鄴在《故人寄茶》中寫道：「劍外九華英，緘題下玉京。開時微月上，碾處亂泉聲。半夜招僧至，孤吟對月烹。碧沉霞腳碎，香泛乳花輕。六腑睡神去，數朝詩思清。月餘不敢費，留伴肘書行」，記載了友人從蜀中地區寄來一種叫「九華英」的茶，隨著書信一同到來，打開時夜晚正月牙初上，碾茶的聲音聽起來好像泉水湧動，邀約僧友一同品賞。烹茶吟詩，煎好的茶湯末沉華浮，香氣氤氳。碧綠的葉子慢慢地沉到碗底，泛起一陣乳花和清香，喝到口裏神清氣朗，靈感如泉湧發，剩餘的茶餅就更加珍惜了。作者這首詩詞不僅反映了唐代的茶文化，更突出了作者對友人的感激與懷念，對友情的珍視。

黃庭堅在《雙井茶送子瞻》中寫道：「人間風日不到處，天上玉堂森寶書，想見東坡舊居士，揮毫百斛瀉明珠。我家江南摘雲腴，落磑霏霏雪不如。為公喚起黃州夢，獨載扁舟向五湖。」雙井茶是黃庭堅老家分寧（今江西修水）出產的一種名茶。1087 年（元祐二年），詩人在京任職時，家鄉的親人給他捎來了一些，他馬上想到分送給好友蘇軾品嘗，並寫下這首情深意切的詩來表達情誼。可見唐宋以來，以茶贈友是很普遍的，在文人之間贈茶更是一種雅尚。有白居易的《蕭員外寄蜀新茶》寫道：「蜀茶寄到但驚新，渭水煎來始覺

珍。滿甌似乳堪持玩，況是春深酒渴人」以及他在《謝李六郎中寄新蜀茶》寫道的：「故情周匝向交親，新茗分張及病身。紅紙一封書後信，綠芽十片火前春。湯添勺水煎魚眼，末下刀圭攪曲塵。不寄他人先寄我，應緣我是別茶人。」這些都是贈茶給友人的詩作，其中「別茶人」是指品茶的行家裏手，李六郎中因為與白居易友誼深厚，而白居易本人也是個品茶的行家，所以將新茶「火前春」寄贈給白居易，通過品茶找到趣味相投的知己，也通過品茶使兩者之間的情感紐帶更為堅固和親密。

再次，以共飲佳茗的方式來增進情誼是古代文人雅士所喜愛的，啜飲聊談間感受人生與天地自然來聯絡情感、涵養德性。唐代的書法家顏真卿曾舉辦的一次春季的茶會雅集，在當時引起了不小的影響，並為世人所稱道。在唐朝大曆九年（774）三月，顏真卿偕同陸士修、張薦、崔萬、陸羽、皎然、李萼、裴修、房益等茶友，在長興縣閬山竹山寺齊聚品茗，並且每人吟詩兩句，互相連接，成為一首完整的茶詩《五言月夜啜茶聯句》：「泛花邀坐客，代飲引清言。醒酒宜華席，留僧想獨園。不須攀月桂，何假樹庭萱。御史秋風勁，尚書北斗尊。流華淨肌骨，疏瀹滌心原。不似春醪醉，何辭綠菽繁。素瓷傳靜夜，芳氣滿閑軒。」這首詩將人們在月夜品茗作詩的美妙情景描寫得美好而有趣，讀起來彷彿聽到熱鬧的談笑，聞到清雅的茶香，一派歡欣愉悅相聚的場景。另一首出色描寫茶會的詩是白居易的《夜聞賈常州、崔湖州茶山境會亭歡宴》，詩歌這樣寫道：「遙聞境會茶山夜，珠翠歌鐘俱繞身。盤下中分兩州界，燈前各作一家春。青娥遞舞應爭妙，紫筍齊嘗各鬥新。自歎花時北窗下，蒲黃酒對病眠人。」描寫的是顧渚山貢茶的採摘製作之後，顧渚山兩邊的州吏在境會亭舉行茶宴的情景，茶宴上不僅有歌有舞，還有「紫筍齊嘗各鬥新」的鬥茶活動。境會亭的茶宴屬於官民同樂的慶祝活動，官府與百姓之前因為茶而加深聯繫，增進了跨階級的溝通與瞭解，茶在其中扮演的是橋樑作用。

古時人們認為茶性純淨高潔，茶樹只能由茶籽播種，移栽不能成活，因而用它來象徵愛情堅定不移，並且由於茶樹結籽多，也用茶來象徵多子多福，血脈繁盛，將它作為婚姻禮儀的必需品，婚俗中所用到的茶禮，成為人生當中重要的禮儀內容。「凡種茶樹必下子，移植則不復生，故聘婦必以茶為禮，義固有所取也」《天中記》，郎瑛在《七修類稿》中說：「種茶下籽，不可移植，移植則不復生也；故女子受聘，謂之吃茶。又聘以茶為禮者，見其從一之義

也。」許次紓在《茶疏‧考本》中也說：「茶不移本，植必子生。古人結婚，必以茶爲禮，取其不移植之義也」，王象晉在《茶譜‧小序》中說到茶不可移易的天性，「茶，嘉木也，一植不再移，故婚禮用茶，從一之義也。」人們將茶作爲婚禮上的不可或缺的飲品，象徵著忠貞不渝的婚配關係。

　　一般來說在定親之時，男方要向女方家納采禮，我國江南地區將這項禮儀稱之爲「下茶禮」。在湖湘地區的婚俗中有獻茶之禮，即在婚儀完畢之後，代客人落座，新娘與新郎要抬著茶盤，奉上一杯杯熱茶向家族中的長輩們行拜見禮。長輩們喝了茶，則將紅包放於茶盤之上，以示祝福。而有些地區，新婚夫婦要喝「合枕茶」，即新郎捧茶入洞房，奉請新娘先喝，然後自己再喝，以示完成結婚大禮。而在浙江的湖州一帶，女方接受男方的聘禮被稱爲「吃茶」和「受茶」，而舉行婚儀時，拜見長輩則要獻茶以示敬意，而長輩贈送給晚輩的見面禮，稱之爲「茶包」。有些地方的孩子滿月時要剃去胎髮，之後會用茶湯來清洗頭部，稱之爲「茶浴開石」，寓意爲以茶的沖洗來開啓智慧。在我國少數民族居住的地區中，茶在婚儀中的地位和作用更爲突出。據陸游在《老學庵筆記》中記載：「辰沅靖州蠻，男女未嫁娶者，聚而踏歌，歌曰：『小娘子，葉底花，無事出來吃盞茶。』」介紹了當時湘西地區，少數民族的未婚男女歡聚踏歌來以茶定親的傳統風俗，其中提到的「吃盞茶」也成爲了戀愛的暗示。清代鄭板橋在《竹枝詞》中說「溢江江口是奴家，郎若閑時來吃茶。黃土築牆茅蓋屋，門前一樹紫荊花」，也是借「吃茶」來暗喻愛情。

第三節　自然——天人合一

　　在我國的傳統思維中，天人合一的觀念給人們帶來的影響是深刻而久遠的。人們最初對自然的敬畏一直到利用自然和親近自然，經歷了一段較爲漫長的歷史過程。有學者認爲「中國傳統對人與自然的親和關係的體驗，在世界文明史上是很獨特的。這與中國傳統的農業文明和自然經濟有著密切的關係。史前時代稻米作物的種植，雖然是長江中下游地區環境對人的生存壓力的推動，但從攫取性的生存方式向生產性的生存方式的過渡，則反映了人們對環境的保護意識日漸覺醒。在以農耕爲主的農業生產背景中，人對自然環境的依賴，對風調雨順的期盼，使得先民們在對四時交替、氣候變換格外敏感中，逐漸形成了與環境和宇宙間的自然生命相互依存的文化心態，即『天

人合一』的心態，認爲人的自然生命與宇宙萬物的生命是協調、統一的，反映了人們在追求一種人與自然和諧親密的關係。隨之也形成了一種相關的文化心理，這是以詩意的情懷去體悟自然的結果，認爲人與自然本爲一體，本是一種親和關係。」〔註41〕而人們對茶字的結構和意義有這樣的解讀，認爲「人在草木中，爲茶」，茶是吸取了天地自然之精華的靈物，人與茶的相遇和相伴符合傳統思想中對於「天人合一」的追求。

雪萊在談到藝術的起源問題時曾說：「自有人類便有詩。人是一個工具，一連串外來和內在的印象掠過它，有如一陣陣不斷變化的風，掠過埃奧利亞的豎琴，吹動琴弦，奏出不斷變化的曲調。然而，在人性中，甚或在一切有感覺的生物的本性中，卻另有一個原則，它的作用就不像豎琴那樣了，它不僅產生曲調，還產生和音，憑藉一種內在的和諧。這正如豎琴能使它的琴弦適應彈奏的動作，而發出一定長度的印象，又如歌者能使它的歌喉適應琴聲。」〔註42〕而作爲具有超凡脫俗的典雅情懷的群體，文人墨客和士大夫們有意識地將品茶作爲一種可以顯示自身素養、寄託情感、表現自我的藝術活動，在不斷的追求、創造與鑒賞的過程中，飲茶由生活化走向藝術化，而文學藝術的各個門類也紛紛將飲茶作爲自己的表現對象加以描述和品評，而其中很大一部分也是以親近自然、品茶優遊爲主題。

古時的茶人們常愛置身於鍾靈毓秀的山水之中，在靜謐的自然環境中品味茶與人生宇宙，許多茶詩中均有描繪。明代的許次紓在《茶疏》中提到最佳的品茗環境有以下幾種：「心手閒適，披詠疲倦，意緒芬亂，聽歌拍曲，歌罷曲終，杜門避事，鼓琴看畫，夜深共語，明窗淨几，洞房阿閣，賓主款狎，佳客小姬，訪友初歸，風日晴和，輕陰微雨，小橋畫舫，茂林修竹，課花則鳥，荷亭避暑，小院焚香，酒闌人散，兒輩齋館，清幽寺觀，名泉怪石。」其中的「明窗淨几」、「洞房阿閣」、「兒輩齋館」、「清幽寺觀」等是室內品茗的最佳環境，而「風日晴和」、「輕陰微雨」、「小橋畫舫」、「茂林修竹」、「荷亭避暑」、「小院焚香」、「名泉怪石」等則是室外品茗的最佳環境。徐渭在其《徐文長秘集》中也對適宜品茶的條件進行了描述：「品茶宜精舍、宜雲林、

〔註41〕朱志榮著：《中國美學的「天人合一」觀》，西北師大學報，2005 年 3 月，第 42 卷第 2 期。

〔註42〕雪萊：《爲詩辯護》，《古典文藝理論譯叢》第一期，北京：人民文學出版社，1963 年版，第 77 頁。

宜永晝清談、宜寒宵幾坐、宜松月下、宜花鳥間、宜清流白、宜綠鮮蒼苔、宜素手汲泉、宜紅裝抱雪、宜船頭吹火、宜竹裏飄煙。」

由於受到傳統天人合一思想的影響，北宋時期的文人大多爲了追求自我人格與天地自然的和諧統一，尤其喜愛在幽靜典雅的自然景色中品茗，在悠然的氛圍中忘卻現實的紛擾與憂悶，寄情於山水。在欣賞自然之美的閑暇中陶醉，得到審美愉悅，淨化心靈，使精神上的桎梏得到消解。在松竹下品茗，文人雅士常攜茶在此境品茗來感受自然之幽雅。松樹天性耐嚴寒，雖然身處嚴寒與陡峭狹縫之處，而松樹仍能屹然挺立、傲雪鬥霜，與文人士大夫對于堅貞不阿的人格追求相一致，所以他們大多喜愛在松林中品茶。如郭祥正在《休師攜茶相過二首》中有云：「試揀松陰投石坐，一杯分我建溪雲。」〔註43〕坐在松樹的樹蔭之下，品味著建溪的香茗。竹林裏清新幽靜，滿眼翠綠，一片生機盎然，在其中品茗尤爲清雅，因此他們常將竹林作爲品茗的理想之所。梅堯臣在《發丹陽後寄徐元輿》中說：「禪扃竹下過，乳井松間出。烹茶覺暫醒，岸幘情彌逸。」蘇軾在《雨中邀李範庵過天竺寺作二首》中云：「花雨簷前亂，茶煙孤下竹。」〔註44〕李嘉祐的《題裴十六少卿東亭》曰：「平津舊東閣，深巷見南山。卷箔嵐煙潤，遮窗竹影閑」〔註45〕，展現的是在竹影遮窗、霧氣彌漫的山邊悠閒飲茶的情景。李德裕的《故人寄茶》：「劍外九華英，緘題下玉京。開時微月上，碾處亂泉聲。半夜邀僧至，孤吟對竹烹。碧流霞腳碎，香泛乳茶輕。六腑睡神去，數朝詩思清。其餘不敢費，留伴讀書行」〔註46〕描寫的是月照水流之時，在竹林中與有人，相對啜飲靜夜品茗的情景。這些詩歌都是將自然與茶人相適相親的感受，通過竹下松間烹茶的意境和內心的閑逸表現出來。

在花間啜茗，也是文士喜愛的品茗方式之一。人們常說花能解語，花的安然與美麗不僅展現在它們的姿態與色澤，並且在嗅覺上對心靈也有著一定的細膩的影響。唐代曾一度有著「對花啜茶爲殺風景」的說法，到了宋朝這種習俗逐漸消除，人們將花下品茗視爲樂事。晏殊在《煮茶》中云：「未向人間殺風景，更持醪醋醉花前」描繪了花下品茗的茶事。鄒浩在《同長卿梅下

〔註43〕唐圭璋編：《全宋詩》，北京：中華書局，1965 年版，第 8974 頁。
〔註44〕王文誥編：《蘇軾詩集》，北京：中華書局，1982 年版，第 2789 頁。
〔註45〕丁方曉，曾德明，楊雲輝編：全唐詩（第二冊），嶽麓書社，1998 年版。
〔註46〕丁方曉，曾德明，楊雲輝編：全唐詩（第二冊），嶽麓書社，1998 年版。

飲茶》中寫道:「不置一杯酒,惟煎兩碗茶。須知高意別,用此對梅花。」〔註
47〕梅花傲立寒冬,清奇高雅,香氣沁人。在梅雲下品茗,人的心靈得到澡雪
淨化。花下品茗在北宋文士中不僅是一種文人雅興使然,更是一種感受和親
近自然的審美方式。黃庭堅《見二十弟倡和花字漫興五首》其一中寫道:「落
絮遊絲三月侯,風吹雨洗一城花。未知東郭清明酒,何似西窗穀雨茶」〔註48〕
這首詩寫出了在落絮遊絲的三月裏,春雨過後百花競開,清明時節飲酒的滋
味也不能與春意闌珊時飲茶賞花的趣味相比,強調了自己對於春茶由衷的喜
愛之情。除了獨自花下品茗,文士們也常與友人在花間品茗,享受著自然的
清香與溫馨,感受著心靈的淡泊與寧靜。

　　而月下品茗,不僅能引發文人雅士們的遐思和感慨,而且與之對深情雅
韻的不懈追求相契合。在月夜星空下品茗,能發思古之幽情,參透對古今世
事之變幻移易,與天地大道相運化,將所思所悟融於茶水之中。文彥博在《和
公儀湖上烹蒙頂新茶作》中寫道:「蒙頂露牙春味美,湖頭月館夜吟清。煩醒
滌盡沖襟爽,暫適蕭然物外情。〔註49〕蒙頂山出產的春茶滋味,月光中品飲
起來格外清美,一杯一杯地蕩滌了心中的煩膩和塵垢,使人能淡然超脫於物
外。

　　在水邊品茗也是文士們親近自然的方式之一,宋庠對於溪水邊飲茶,在
《自寶應逾嶺至潛溪臨水煎茶》中有著這樣的描述:「過岩逢石坐,尋水到源
回。天籟吟松塢,雲腴溢茗杯〔註50〕」,韋驤在《和山行回坐臨清橋啜茶》中
云:「雲軿回處引笙簫,疑向春宵度鵲橋。橋上茗杯烹白雪,枯腸搜遍俗緣消」
〔註51〕,而梅堯臣在《會善寺》中也說:「瑠璃開淨界,薜荔啟禪關。煮茗石
泉上,清吟雲壑間」〔註52〕。將水邊烹茶品茗的樂趣描寫得生動如畫。而古
人的軒臺樓閣多是依山傍水而造,清新幽靜。置身於其中品茗,追求內心的
寧靜和精神的解脫,是一種悠然自適的休憩方式。軒可視為木房小室,大多
建造在山清水秀之處,既可仰觀峰巒的雄奇,也親近樹木花草,俯賞水中遊
魚之樂。軒中烹茶賞景,空間的轉換能讓人忘卻仕途中的憂愁,使心靈得到

〔註47〕唐圭璋編:《全宋詩》,北京:中華書局,1965年版,第4058頁。
〔註48〕任淵等集注:《黃庭堅詩集注》,北京:中華書局,2003年版,第1718頁。
〔註49〕唐圭璋編:《全宋詩》,北京:中華書局,1965年版,第3499頁。
〔註50〕唐圭璋編:《全宋詩》,北京:中華書局,1965年版,第2203頁。
〔註51〕唐圭璋編:《全宋詩》,北京:中華書局,1965年版,第8534頁。
〔註52〕唐圭璋編:《全宋詩》,北京:中華書局,1965年版,第2717頁。

喘息，進而達到澄明之境。黃庭堅在《題息軒》中云：「僧開小檻籠沙界，郁郁參天翠竹叢。萬籟參差寫明月，一家寥落共清風。蒲團禪板無人付，茶鼎薰爐與客同。萬水千山尋祖意，歸來笑殺舊時翁」〔註53〕，僧人在清風明月中烹茶品茗，面對郁郁蔥蔥的參天翠竹，蒲團和禪板安靜地陪伴著自己參悟佛祖之意。釋德洪《題夢清軒》云：「小軒人不到，修竹過牆生。眼倦經長掩，身閑夢亦清。微風吹篆縷，活火發茶鐺。遙想佳眠夕，蕭蕭雨葉聲〔註54〕。均道出了軒是人們親近自然的靜思之所，也是品茶清心的理想之所。

亭子是供行人休憩與話別的處所，大多修建在花草樹木之間，因遠離塵囂，環境靜謐而深受文人墨客的喜愛。亭中品茗，既能欣賞草木的清幽，感受大自然的美好，又能取在亭子裏稍作停留之意，享受匆匆生命中逗留片刻的樂趣。韋驤在《八月上澣登步雲亭》中云：「一日優閑九日忙，步雲亭上共翺翔。地高始覺秋風勁，事隙方知晝景長。戲舉禪談一公案，靜看茶戰第三湯。吾民況有京坻望，遠宦宜從嘯詠忘。」〔註55〕詩人平日裏繁忙不堪，希望登上步雲亭與天空中的雲和鳥一起翺翔飄遊，地勢高才感覺到秋風的遒勁，事情少才知道日子可以也慢下來，隨意舉出一個禪門公案，悠然地煎茶鬥茶，在嫋嫋茶煙中不知不覺就忘卻了平日裏的繁忙。抬眼望去，四周幽景皆入眼裏。可見文人士大夫們喜愛在亭中品茗的原因，不僅是因為它能讓人心情閑淡，還能與志趣相投的友人一起享受雅士生活的情趣。而樓閣也是人們鍾意的品茶之所，劉攽在《邠園水閣煎茶》中寫道：「溪梅已爛漫，溪水方綠淨。惜春聊插花，愧花還照影。淹留待烹茶，初覺晝日永。」〔註56〕邠園水閣溪邊的梅花爛漫可愛，碧綠澄淨的溪水潺潺流淌，愛惜春天的美好，聊著關於插上瓶花的話題，花影照在水中，安靜地烹茶欣賞水閣四周的美景，時光彷彿停止似的悠然恬靜。劉珵在《羅漢閣煎茶應供》中寫道：「寶爐香散曉煙寒，淨几供茶遙座看。已愛六花金縷異，更驚三啜翠痕乾。」〔註57〕羅漢閣環境清雅，寶爐中禪香輕繞，三啜清茶，將詩人悠閒啜茗的淡然與自然的氛圍相融合，描繪出飄然愉悅的清寒與溫暖。

朱慶餘的《鳳翔西池與賈島納涼》中寫道：「四面無炎氣，清池闊復深。

〔註53〕任淵等集注：《黃庭堅詩集注》，北京：中華書局，2003年版，第1246頁。
〔註54〕唐圭璋編：《全宋詩》，北京：中華書局，1965年版，第5190頁。
〔註55〕唐圭璋編：　《全宋詩》，北京：中華書局，1965年版，第8585頁。
〔註56〕唐圭璋編：《全宋詩》，北京：中華書局，1965年版，第7099頁。
〔註57〕唐圭璋編：《全宋詩》，北京：中華書局，1965年版，第10688頁。

蝶飛逢草住，魚戲見人沉。拂石安茶器，移床選樹蔭。幾回同到此，盡日得閑吟」描繪的是在涼風習習的清池邊，蝴蝶在花間草間翩翩起舞，魚一見人來便沉入水底嬉戲，閑坐在樹蔭下，安放好茶器，一邊品茶一邊吟詩。中國茶人深心裏秉承著「天人合一」的思想，在品茶時常常追求與自然的和諧相處，將山水花木作為抒發情感的載體，與自然中遇到的各種景物平等交流，人與景相互交融，從而忘卻了作為一個社會人所要遵循的守則，回歸到自然中普通的一員，從而進一步產生出對自然美更深的依戀與喜愛。唐代的呂溫曾在《三月三日茶宴》的序中寫道：「撥花砌，憩庭蔭，清風逐人，日色留興，臥措青藹，坐攀香枝。閑鶯近席而未飛，紅蕊拂衣而不散。乃命酌香沫，浮素杯，殷凝琥珀之色，不令人醉？微覺清思，雖玉露仙漿，無復加也。」在花叢和庭蔭之間休憩，清風晴空下，在青藹和香枝之間隨興坐臥，鶯鳥靠近人而不飛走，紅色的花蕊隨意拂動而不散落，茶的香沫漂浮在素色的茶杯裏，凝然可愛的琥珀色讓人心醉。只覺得玉露仙漿也不能與之相比。明代朱權在《茶譜》對此有很好的總結：「凡鸞儔鶴侶，騷人羽客，皆能志絕塵境，棲神物外，不伍於時俗。或會於泉石之間，或處於松竹之下，或對皓月清風，或坐明窗靜牖，乃與客清談款話，探虛玄而參造化，清心神而出塵表。」文士仙家都喜好世外桃源之境，讓心神出於物外，不拘於世俗瑣碎，有時在泉石之間，有時在松竹之下，有時在朗月清風中，有時坐在明窗之下，與客人聊著關於虛玄大道的話題，心神清新而出於塵外。

我國古代的茶畫也大多表現的是和風微拂，山泉清音，雋永超逸，悠然自遠的淡泊意境。如明代唐寅的《事茗圖》，顯現出的即是清淡高雅、順物自然，不逐名利、閒適恬靜的人生境界。畫中高山流水，巨石蒼松，近景清晰，遠景朦朧。唐伯虎還為此畫題詩道：「日常何所事？茗碗自矜持。料得南窗下，清風滿鬢絲。」如此的「淡泊之美」，是「純素之道，唯神是守。守而勿失，與神為一」〔註58〕，亦是「素處以默，妙機其微，飲之太和，獨鶴與飛」〔註59〕的境界。

「和」本為龢，多見於甲文與金文中，為簫笙一類的管樂，後來引申為音樂和諧之意。東漢許慎在《說文解字》中說：「龠，樂之竹管，三孔，以和眾聲也。」《周禮·春官·小師》也言：「掌六樂聲音之節與其和。」《爾雅·

〔註58〕《莊子·刻意》。
〔註59〕〔唐〕司空圖：《二十四詩品·沖淡》。

釋樂》日：「大笙謂之巢，小者謂之和。」正因爲「和」這種樂器的主要功能是「和眾聲」，「和」字就引申出「和順」、「諧和」、「調和」等意思。故「聲應相保，日和」〔註60〕、「音相生，即爲和」〔註61〕。「中國傳統美學精神的生生不息，是因爲其中有著深厚的人文底蘊，它以人爲中心，將人與自然，人與審美有機地融合在一起」〔註62〕。莊子曰：「夫至樂者，先應以人事，順之以天理，行之以五德，應之以自然，然後調理四時，太和萬物」〔註63〕，「無聲之中獨聞和焉」〔註64〕。

　　司馬光的《資治通鑒・卷第十八》載公孫弘對策日：「臣聞之：氣同則從，聲比則應。今人主和德於上，百姓和合於下，故心和則氣和，和則形和，形和則聲和，聲和則天地之和應矣。故陰陽和，風雨時，甘露降，五穀登，六畜蕃，嘉禾興，朱草生，山不童，澤不涸，此和之至也」周敦頤也認爲：「心達於天地，天地之氣感而大和焉。天地和，則萬物順」〔註65〕。莊子在《天道》篇中提出「人樂不如天樂」，認爲「與人和者，謂之人樂」目的在於「均調天下」，是有爲，乃不可取；而「與天和者，謂之天樂」爲無爲，才是「大本大宗」，所以「……知天樂者，其生也天行，其死也物化。靜而與陰同德，動而與陽同波。故知天樂者，無大怨，無人非，無物累，無鬼責。……以虛靜推於大地，通於萬物」〔註66〕

　　莊子曰：「吾師乎！吾師乎！虀萬物而不爲戾，澤及萬世而不爲仁，長於上古而不爲壽，覆載天地刻雕眾形而不爲巧，此之爲天樂。故曰：『知天樂者，其生也天行，其死也物化。靜而與陰同德，動而與陽同波。』故知天樂者，無天怨，無人非，無物累，無鬼責。故曰：『其動也天，其靜也地。一心定而王天下；其鬼不祟，其魂不疲，一心定而萬物服。』言以虛靜推於天地，通於萬物，此之謂天樂。天樂者，聖人之心，以畜天下也。」〔註67〕這裡「師」是可理解爲大本大宗之師，它調和萬物而不以爲義，澤及萬世卻不以爲仁，

〔註60〕　《國語・周語下》。
〔註61〕　《樂緯・動聲儀》。
〔註62〕　袁濟喜著：《中國傳統美學的人文底蘊》，《光明日報》，2003 年 7 月 29 日。
〔註63〕　《莊子・天運》。
〔註64〕　《莊子・天地》。
〔註65〕　《通書・樂中第十八》。
〔註66〕　《莊子・天道》。
〔註67〕　《莊子・養生主》。

長於上古而不以爲壽，覆載著天地雕刻出萬物之形卻不顯露技巧，這就是天樂。所以說：「明瞭天樂的，他存在時便任隨自然而行，死亡時便和萬物融合爲一。靜時和陰氣一起沉寂，動時與陽氣一同波動」。所以體會天樂的人，不怨天尤人，沒有外物的牽累，沒有鬼神的責罰。一心安定了，則天地正位，形體沒有病患，精神不會疲乏。故一心安定而萬物歸服。寂靜推及天地，通達與萬物，便是天樂。天樂，就是聖人用愛心來養育天下。

　　道家所表現的天地和合的思想充分展示了悠久的歷史文化積澱，並深刻地影響了後世的美學思想。在中國古人的心中，天地之和既是生存的理想，也是最高的審美的理想。天地之和即是天地和合，是「流而不息，合同而化」〔註68〕的萬物育焉、百化興焉的和諧境界。

　　老子在《道德經》中說：「視之不見明曰夷，聽之不聞名曰希，搏之不得名曰微。此三者不可致潔，故混而爲一」〔註69〕。想看卻看不見叫作夷，想聽卻聽不見叫作希。想觸摸卻觸摸不著叫微。無狀無象，無聲無響，故能無所不在。三者混而爲一便是道，道即自然。《道德經》接下來形容「道」：「其上不皦，其下不昧，繩繩兮不可名，復歸於無物。是謂無狀之狀，無物之象，是謂惚恍。迎之不見其首，隨之不見其後。」其上不光明，其下不陰暗，朦朦朧朧無法形容，於是又回覆到無。它沒有形狀，沒有物象，恍恍惚惚不可得而定也。迎向它，卻看不見它的頭；跟隨它，也看不見它的尾。莊子在《天道》中提出：「休則虛，虛則實，實則備矣。虛則靜，靜則動，動則得矣。靜則無爲，無爲也則任事者責矣。無爲則俞俞，俞俞者憂患不能處，年壽長矣。夫虛靜恬淡寂漠無爲者，萬物之本也。」內心停歇了就自然空明，空明了才能得以充實，充實便能完備。心境空明後便得清靜，清靜後有所行動，如此行動便能無所不得。清靜無爲，才能讓事物各司其責。無爲就能安逸泰然，安逸泰然就不會被憂患所煩擾，年壽才能長久。而虛靜、恬淡、寂寞、無爲，才是萬物的本原。

　　道家嚮往回歸自然，莊子追求「以天合天」〔註70〕，認爲「有人，天也；有天，亦天也」〔註71〕。人是天地自然的組成部分，與自然本爲一體同化，

〔註68〕《樂記》。
〔註69〕 王弼（著）、樓宇烈（校釋）：王弼集校釋（上），中華書局，1980 年 8 月版，第 31 頁。
〔註70〕《莊子·達生》。
〔註71〕《莊子·山木》。

與天在本質上也沒有分別。主張人要以自然的姿態與物化而爲一，通過遵循和隨順自然規律的運行獲得精神上的自由往來。莊子要求人的存在與天地自然保持和諧統一，應「獨與天地精神往來」〔註72〕、「與麋鹿共處」〔註73〕，自覺地去追求從心靈上能動地與宇宙精神相交相融，不僅以自然的血肉之軀與天地自然合而爲一，並且從心靈層面通過天人合一的追求獲得絕對的自由。

　　用茶來表達對自然的喜愛，最有特色的是宋代的點茶、鬥茶，用茶的沫餑點畫出山水草木等自然形象，體現了茶人的雅趣和藝術想像力，人們將這種奇妙的茶畫藝術稱之爲「水丹青」。首先來看一下宋徽宗趙佶在《大觀茶論》中對點茶、擊湯過程所作的精彩描述：

> 妙於此者，量茶受湯，調如融膠。環注盞畔，勿使侵茶。勢不欲猛，先須攪動茶膏，漸加周拂，手輕笑重，指繞腕旋，上下透徹，如酵蘗之起面。疏星皎月，燦然而生，則茶之根本立矣。第二湯自茶面注之，周回一線。急注急上，茶面不動，擊指既力，色澤漸開，珠磯磊落，三湯多置。如前擊拂，漸貴輕勻，同環旋復，表裏洞徹，粟文蟹眼，泛結雜起，四湯尚音。憲欲轉稍寬而勿速，其清眞華采，既已煥發，雲霧漸生。茶之色十已得其六七。五湯乃可少縱，輕勻而透達。如發立未盡，則擊以作之；發立已過，則拂以斂之。結浚靄，結凝雪。笑欲茶色盡矣。得中，六湯以觀立作，乳點勃結則以憲著，居緩繞拂動而已，七湯以分輕清重濁，相稀稠可欲則止。乳霧洶湧，溢盞而起，周迴旋而不動，謂之咬盞。宜勻其輕清浮合者飲之，《桐君錄》曰，「茗有悖，飲之宜人，雖多不力過也。〔註74〕

　　熱愛鬥茶的宋徽宗將異彩紛呈的宮廷鬥茶藝術用細膩優美的筆觸展現出來，形容茶湯的美態是「疏星皎月，燦然而生」，「色澤漸開，珠磯磊落」，「清眞華采，既已煥發，雲霧漸生」，「結浚靄，結凝雪」等，這些比喻生動而形象地將茶湯之美描繪得讓人賞心悅目。用細膩準確的語言將點茶擊拂的環節及要點記錄下來，充分展現出點茶的藝術美。由此可見，鬥茶是人們在閑暇時，進行的一種高雅的富有創造力的品飲活動。范仲淹在《和章眠從事鬥茶

〔註72〕　《莊子‧天下》。
〔註73〕　《莊子‧盜跖》。
〔註74〕　陳彬藩，《中國茶文化經典》，光明日報出版社，1999年8月第一版，第72頁。

歌》中寫道，「露芽錯落一番榮，綴玉含珠散嘉樹。終朝採掇未盈簷，唯求精粹不敢貪。研膏焙乳有雅製，方中圭兮圓中蟾。北苑將期獻天子，林下雄豪先鬥美。鼎磨雲外首山銅，瓶攜江上中憐水。黃金碾畔綠塵飛，碧玉歐中翠濤起。鬥茶味兮輕醍醐，鬥茶香兮薄蘭芷……不如仙山一噍好，泠然便欲乘風飛。君莫羨花間女郎只鬥草，贏得珠璣滿斗歸。」〔註 75〕這首描寫鬥茶雅趣的詩，用富麗生動的語言將鬥茶的精彩展現出來，在當時流傳極廣。

　　宋代描寫鬥茶茗戰的詩數量較多，可以見出當時人們對於鬥茶是相當熱衷的。據蔡襄在《茶錄》中所言，鬥茶時要「視其面色鮮白，著盞無水痕者絕佳。建安鬥試以水痕先者為負，耐久者為勝。」〔註 76〕鬥茶比的是茶湯的色澤鮮白，杯盞內沿與茶湯的連結處沒有水痕，這樣的茶是最好的，茶的沫餑耐久不散開者為勝者。「也就是說鬥茶勝負一斗茶面湯花的色澤與均勻程度也就是茶色，二斗茶盞內沿與湯花相接處有沒有水痕。在色澤上，鬥茶要求湯花表面鮮白，要有「淳淳光澤」，湯花必須均勻。」〔註 77〕梅堯臣在《次韻和永叔嘗新茶雜言》說的「造成小品若帶誇，鬥浮鬥色傾夷華」〔註 78〕，在《次韻和再拜》中形容鬥茶要「烹新鬥硬要咬盞，不同飲酒爭畫蛇」〔註 79〕，以及蘇東坡所說的「沙溪北苑強分別，水腳一線水爭先」〔註 80〕，都是說明如果擊拂點茶湯時掌握力度和速度得宜，茶湯的浮沫緊貼杯沿，散退得會較慢。反之，如果擊拂點茶湯時掌握力度和速度不得宜，則茶湯的浮沫難以緊貼杯沿，會很快就散退開去，從而出現水痕。這樣一來，就勝負可分了。在詩人的筆下，點茶的技藝體現出茶道追求精緻高雅的審美取向和遊戲的樂趣。

　　道家論心，以道為本。心是自然之道的載體，人應擺脫物欲的束縛，返還心與道合的先天境地，這便是莊子的「心齋」以及《淮南子》所說的「天心」。以人心合天心，以天心化人心，最得宇宙人生之會通無礙的真趣。他們清靜愉悅、素樸天真，這正是對世俗煩礙的超越。他們貴無重虛、得意忘形，這是對現象世界的超越。他們齊同萬物、天人一體，這是對物我界限的超越。

〔註 75〕《全宋詩》，北京大學出版社，1991 年鉛印本，第三冊，卷 165，第 1868 頁。

〔註 76〕陳彬藩《中國茶文化經典》，光明日報出版社，1999 年 8 月第一版，第 67 頁。

〔註 77〕柯冬英，王建榮，《宋代鬥茶初探》，《茶葉》，2005 年 02 期。

〔註 78〕《全宋詩》，北京大學出版社，1991 年鉛印本，第 5 冊，卷 259，第 3262 頁。

〔註 79〕《全宋詩》，北京大學出版社，1991 年鉛印本，第 5 冊，卷 259，第 3262 頁。

〔註 80〕清・王文浩輯注、孔凡禮點校：《蘇軾詩集》，《和蔣夔寄茶》，中華書局，1982 年 2 月第一版，卷十三，第 653 頁。

正是通過超越，造就了與天地並生、萬物為一的「真人」。通過飲茶可「得至美而遊乎至樂」，能使人樂天順命，達到物我兩忘、天人合一的自由境界。「以自然為認識對象和審美對象，天地自然與萬事萬物鎔鑄於和諧運轉的圖式中，體現了中國傳統的陰陽調和、剛柔相諧和動靜互補」〔註 81〕。只有認識和遵循自然規律，才能使禮樂興盛，最終達到「致中和，天地位焉，萬物育焉」的「生生而有條理」的天和境界。

在中國古代哲學中，天地是萬物之母，「天地感而萬物化生」〔註 82〕。《象傳·泰》：「天地交，泰」；《象傳·否》：「天地不交，否」。這段話旨在說明，天地只有相交，才能達到和諧；反之，天地不相交，則無法達到和諧。「在古人的視域中，大自然不僅是他們生存所需要和所依賴的客觀環境，而且在人們的心理和情感上，他們也可以與大自然息息相通，甚或將大自然看作學習和模仿的對象」〔註 83〕。故《象傳》曰：「天行健，君子以自強不息」、「地勢坤，君子以厚德載物」，推崇「自強不息」和「厚德載物」的民族精神，也表明古代君王效法天地，追求天地之序，注重萬物的和合化育。而天的運行不僅遵循著真的規律，也呈現著善和美的德行。因此，我國古時重視效法天地，把人與自然的關係審美化，體現了古代素樸的美學思想。

「自強不息」、「厚德載物」能夠成為中華民族重要的民族精神，尤其構成中國知識分子生命歷程的重要精神支柱，其深層的原因正在於古代君子效法天地，追求天地之序，注重萬物的和合與生機。在中國古代知識分子看來，天地運行不但遵循著真的規律，而且也呈現著生機勃勃的善和美。由此出發，君子效法天地顯然是合情合理並且符合審美的直覺和體驗的。

有學者認為，「人和人可以通過感性達至共鳴，也可以跟自然、跟生物、跟無生物進行共鳴。即使是無限遙遠的星球，對我們也可以進行有感情的聯繫」〔註 84〕。人與自然在溝通中能通過移情，進而達到感情上的共鳴。《繫辭》說：「仰則觀象於天，俯則觀法於地，觀鳥獸之文與地之宜，以通神明之德，以類萬物之情」。這段話的主旨即是主張以天地造化為師。與此相聯繫，《桓譚新論》亦曰：「神農氏繼宓羲血而王天下，上觀法於天，下取法於地；近取

〔註 81〕 薛永武：《大樂與天地同和》，《理論學刊》，2006 年 1 月第 1 期。

〔註 82〕 《易經》。

〔註 83〕 薛永武：《大樂與天地同和》，《理論學刊》，2006 年 1 月第 1 期。

〔註 84〕 陶繼新著：《對儒家人文精神的多元觀照——美國哈佛大學著名學者杜維明教授訪談》，《中國教育報》，2004 年 11 月 11 日。

諸身，遠取諸物。於是始削桐爲琴，繩絲爲弦，以通神明之德，合天地之和焉。」

漢代的董仲舒認爲天人同類，二者之間的關係表現爲「氣」的互相感應：「天有陰陽，人亦有陰陽。天地之陰氣起，而人之陰氣應之而起，人之陰氣起，而天地之陰氣亦宜應之而起，其道一也。」〔註85〕《黃帝內經》講人氣與天氣相通相感：「自古通人者，生之本，本於陰陽。天地之間，六合之內，其氣九州、九竅、五藏、十二節皆通乎天氣」〔註86〕。而德音雅樂能如微風細雨一般悄然潤化人心，調和血氣心志乃至移風易俗。如前所述，具有悠久歷史的中國茶道，也能起到促進人與天地、陰陽相合的作用。

〔註85〕蘇輿著：《春秋繁露義證》，北京：中華書局，1992年，第360頁。
〔註86〕《黃帝內經》，上海：上海古籍出版社，1985年，第877頁。

結　語

　　我國的茶道發展有著悠久的歷史，期間伴隨著政治、經濟、文化、外交等所帶來的多方面變革。李澤厚先生曾在《己卯五說》中，對中日兩國的茶道進行了深入的比較和探討，他指出：「日本茶道和『和、敬、清、寂』一舉手、一投足的精心苦練，都是在刻意追求禪境的寂滅與超越。正是這樣，才能與世俗環境和世俗心境拉開距離，顯示差別。」在李澤厚先生看來，中國的茶文化恰恰視日本茶道「有失自然」，「仍停留執著在第二境上」。他對中日茶道比較的結論是：「中國是即境求悟，日本是造境啓悟」。這樣的差別，與中國文人士大夫將茶道視為自我的人格修煉和完善的方式有著很大的關係。茶道與琴道、書道等一樣，都是傾向於內心的，如同坐禪那樣，是一種入靜的途徑。中國歷來重視自然與人的和諧統一，因而也更加強調隨順自然。如今，中國茶道的傳播與推介不僅要強調其對內的身心修養，也要將其所承載的文化歷史內蘊展示給世界。那麼，在內容和形式上也應學習日本對於茶道的重視。內容上，可將中國傳統文化和歷史中具有代表性的典故、傳說、寓言等作為茶道精神表達的主題。形式上，圍繞所表達的主題來選擇茶類，以及相應的茶器、茶席布置、服裝、插花、字畫和背景都與之相搭配。讓人們通過對茶的演繹和品賞，瞭解中國傳統文化的精髓，體悟人生與天地之道。

　　我國著名的美學家宗白華先生在《美學散步》中寫道：「靜穆的觀照和飛躍的生命是中國藝術的兩元」。由「致虛守靜」而獲得「遊心逍遙」，即心靈的全然自由無住，是中國茶道的審美至境。「人在草木中」為「茶」，這一字謎也簡潔地道出了茶道精神中的「天人合一」觀。的確，被歷代茶人們所稱道的正是一種無拘無束、全任自然的自由心境，生命在寧靜的心靈中湧起深

層的活力，藝術的精靈在從容灑脫的情境中自由地飄飛。如同當代司空圖在《二十四詩品・自然》中華所寫的「俯拾即是，不取諸鄰，與道俱往，著手成春」那樣，人們在一壺熱茶的濃淡中虛廓心靈、滌蕩情懷，與天地相合無間；願在滿室茶香的溫潤中體素儲潔、乘月反眞，優遊於物我兩忘、無所依待的逍遙之境。

對於茶道而言，茶道之「用」，是用之於人生。正如馮友蘭先生所言，人生的最高境界是「自然」。世人常說「禪茶一味」，其實茶與禪中沒有什麼非自然或超自然之物。馬祖在慧能「明心見性」、「性淨自悟」的基礎上，提出了「平常心是道」這一禪道理念，更加突出了禪道鮮明的生活意味，從而無處不在地顯示了極其自由活潑的獨特宗風。在現階段，人們不僅僅從藝術審美的角度來看待茶道，更將茶道視爲生活審美的重要部分，在生活中品茶與在生活中修禪無疑給現代人觀照自我與人生的機會。茶與禪一樣，能讓繁忙紛擾的思緒沉澱下來，也同樣只有用心體味才能接觸到其中帶來的智慧與美。

茶自古作爲中國的「國飲」，在宏闊悠長的歷史畫卷裏，彷彿一泓澄澈靈動的清泉，給人們的身心帶來滋養與寧靜。如果說日本的茶道充滿了禪宗的凝重氣息，韓國的茶禮深受儒家精神的影響，那麼中國茶道的精神，則正如淨慧長老所說，是將儒家的正氣，道家的清氣，禪宗的和氣，以及茶自身所蘊含的雅氣集於一身。這正、清、和、雅的精神一併融入茶水之中，讓人們樂於在獨自啜飲間，言談笑聲裏，品味這「壺裏乾坤大，杯中日月明」的豁達清朗。

參考文獻

（一）茶道及茶文化類著作

1. 姚國坤、王存禮、程啓坤著：《中國茶文化》，上海：上海文化出版社，1991 年版。
2. 陳香白著：《中國茶文化》，太原：山西人民出版社，1998 年版。
3. 賴功歐著：《茶哲睿智——中國茶文化與儒釋道》，北京：光明日報出版社，1999 年版。
4. 王從仁著：《中國茶文化》，上海，上海古籍出版社，2001 年版。
5. 蔡鎮楚著：《中國品茶詩話》，長沙：湖南師範大學出版社，2004 年版。
6. 陳文華著：《中國茶文化學》，北京：中國農業出版社，2006 年版。
7. 沈冬梅著：《茶與宋代社會生活》，北京：中國社會科學出版社，2007 年版。
8. 林清玄著：《平常茶非常道》，石家莊：河北教育出版社，2008 年版。
9. 于欣力、傅泊寒編著：《中國茶詩研究》，昆明：雲南大學出版社，2008 年版。
10. 關劍平著：《文化傳播視野下的茶文化研究》，北京：中國農業出版社，2009 年版。
11. 林冶主編：《中國茶道》，西安：世界圖書出版西安公司，2009 年版。
12. 沈冬梅、張荷、李涓編著：《茶馨藝文》，上海：上海人民出版社，2009 年版。
13. 王晶蘇編著：《中華茶道：和、靜、怡、眞的茶文化》，南昌：百花洲文藝出版社，2009 年版。
14. 朱海燕著：《中國茶美學研究——唐宋茶美學思想與當代茶美學建設》，

北京：光明日報出版社，2009 年版。

15. 程啓坤、姚國坤、張莉穎編著：《茶及茶文化二十一講》上海：上海文化
出版社，2010 年版。

16. 〔日〕岡倉天心著、谷意譯：《茶之書》，濟南：山東畫報出版社，2010
年版。

17. 黃仲先：《中國古代茶文化研究》，北京：科學出版社，2010 年版。

18. 李昊編：《中國茶文化》，北京：外文出版社，2010 年版。

19. 李金慧、劉豔娟編著：《唐詩茶趣》，大連：大連出版社，2010 年版。

20. 張美娣、阮浩耕著：《茶道茗理》，上海：上海人民出版社，2010 年版。

21. 〔英〕羅伊‧莫克塞姆著、畢小青譯：《茶：嗜好、開拓和帝國》，北京：
三聯書店，2010 年版。

22. 〔日〕桑田忠親著、汪平等譯：《茶道的歷史》，南京：南京大學出版社，
2011 年版。

（二）相關典籍

1. 孔穎達：《十三經注疏》（上、下），北京：中華書局，1979 年版。

2. 楊伯峻譯注：《論語譯注》，北京：中華書局，1980 年版。

3. 袁珂校注：《山海經校注》，上海：上海古籍出版社，1980 年版。

4. 阮元主編：《經籍籑詁》（上、下），北京：中華書局，1982 年版。

5. 孫希旦集解：《禮記集解》（上、中、下），北京：中華書局，1982 年版。

6. 陳鼓應注譯：《莊子今注今譯》，北京：中華書局，1983 年版。

7. 慧能撰、郭朋校釋：《壇經校釋》，北京：中華書局，1983 年版。

8. 王聘珍撰：《大戴禮記解詁》，北京：中華書局，1983 年版。

9. 朱謙之撰：《老子校釋》，北京：中華書局，1984 年版。

10. 普濟著、蘇淵雷點校：《五燈會元》，北京：中華書局，1984 年版。

11. 《全唐詩》，上海：上海古籍出版社，1986 年版。

12. 王先謙撰：《莊子集解》；劉武撰：《莊子集解內篇補正》，北京：中華書
局，1987 年版。

13. 焦循撰：《孟子正義》（上、下），北京：中華書局，1987 年版。

14. 王先謙撰：《荀子集解》，北京：中華書局，1988 年版。

15. 般刺密帝譯：《大佛頂首楞嚴經》，上海：上海古籍出版社，1991 年版。

16. 戴震著：《孟子字義疏證》，北京：中華書局，1991 年版。

17. 蘇輿撰：《春秋繁露義證》，北京：中華書局，1992 年版。

18. 許慎撰、段玉裁注：《說文解字注》，杭州：浙江古籍出版社，1998 年版。

19. 陳鼓應注譯：《老子今注今譯》，北京：商務印書館，2003 年版。

20. 林希逸撰：《莊子鬳齋口義》十卷影印本，北京：北京圖書館出版社，2003 年版。

21. 郭慶藩輯：《莊子集釋》，北京：中華書局，2006 年版。

22. 陸羽著、宋一明譯注：《茶經》譯注，上海：上海古籍出版社，2009 年版。

（三）相關哲學美學著作

1. 宗白華著：《美學散步》，上海：上海人民出版社，1981 年版。

2. 北京大學哲學系美學教研室編：《中國美學史資料選編》，北京：中華書局，1981 年版。

3. 張岱年著：《中國哲學大綱：中國哲學問題史》，北京：中國社會科學出版社，1982 年版。

4. 葉朗著：《中國美學史大綱》，上海：上海人民出版社，1985 年版。

5. 宗白華著：《美學與意境》，北京：人民出版社，1987 年版。

6. 敏澤著：《中國美學思想史》，濟南：齊魯書社，1987 年版。

7. 葛兆光著：《禪與中國文化》，上海：上海人民出版社，1988 年版。

8. 劉岱主編：《中國文化新論·宗教禮俗篇：敬天與親人》，北京：三聯出版社，1992 年版。

9. 蒙培元著：《中國哲學主體思維》，北京：東方出版社，1993 年版。

10. 劉綱紀、范明華著：《周易與美學》，瀋陽：瀋陽出版社，1997 年版。

11. 牟宗三著：《心體與性體》，上海：上海古籍出版社，1999 年版。

12. 李澤厚，劉綱紀著：《中國美學史——先秦兩漢篇》，合肥：安徽文藝出版社，1999 年版。

13. 李澤厚，劉綱紀著：《中國美學史——魏晉南北朝篇》（上、下），合肥：安徽文藝出版社，1999 年版。

14. 李澤厚著：《美學三書》，合肥：安徽文藝出版社，1999 年版。

15. 蕭萐父、李錦全編：《中國哲學史》，北京：人民出版社，2001 年版。

16. 鄔其昌著：《中國美學與藝術學探微》，北京：崇文書局，2002 年版。

17. 吳中傑著：《中國古代審美文化論》，上海：上海古籍出版社，2003 年版。

18. 彭富春著：《哲學與美學問題——一種無原則的批判》，武漢：武漢大學出版社，2005 年版。

19. 張節末著：《禪宗美學》，北京：北京大學出版社，2006 年版。

20. 徐復觀著：《中國藝術精神》，桂林：廣西師範大學出版社，2007 年版。

21. 牟宗三著：《中國哲學的特質》，上海：上海古籍出版社，2007 年版。

22. 鄒元江著：《行走在審美與藝術之途》，濟南：山東友誼出版社，2008 年版。

23. 潘顯一、李裴、申喜萍等著：《道教美學思想史研究》，北京：商務印書館，2010 年版。

24. 李豐楙著：《仙境與遊歷：神仙世界的想像》，北京：中華書局，2010 年版。

25. 彭富春著：《美學原理》，北京：人民出版社，2011 年版。

（四）相關論文

1. 范增平著：《探求茶藝的根本精神》，《農業考古》，1991 年第 4 期。

2. 王玲著：《儒家思想與中國茶道精神》，《北京社會科學》，1992 年第 2 期。

3. 曾慶均著：《中國茶道簡論》，《東南文化》，1992 年第 2 期。

4. 陳香白著：《論中國茶道的義理與核心》，《中國文化研究》，1994 年第 3 期。

5. 陳香白著：《茶道即人道──中國茶道思想分析》，《農業考古》，1995 年第 2 期。鄒明華、張大爲著：《論唐代中國茶道的形成》，《農業考古》，1995 年第 2 期。

6. 丁以壽著：《中國茶道發展史綱要》，《農業考古》，1999 年第 4 期。

7. 賴功歐著：《論中國文人茶與儒釋道合一的內在關聯》，《農業考古》，2000 年第 2 期。

8. 賴功歐著：《宗教精神與中國茶文化的形成》，《農業考古》，2000 年第 4 期。

9. 沈柏村著：《飲茶與禪修》，《閩南佛學》，2000 年第 2 期。

10. 朱郁華著：《中國茶具的歷史發展及美學風格的嬗變》，《江南學院學報》，2000 年第 3 期。

11. 吳立民著：《中國的茶禪文化與中國佛教的茶道》，《法音》，2000 年第 9 期。

12. 凱亞著：《中國茶道的自然之美》，《農業考古》，2001 年第 2 期。

13. 陳雲君著：《簡論「吃茶去」與「茶禪一味」》，《農業考古》，2001 年第 4 期。

14. 余悦著：《禪林法語的智慧境界──「禪茶一味」與禪茶表演闡釋》，《農業考古》，2001 年第 4 期。

15. 陳香白著：《「茶藝」論釋》，《福建茶葉》，2001 年第 4 期。

16. 陳香白著：《「茶文化學者」之太極思維》，《農業考古》，2002 年第 2 期。

17. 陳文華著：《論中國茶道的形成歷史及其主要特徵與儒、釋、道的關係》，《農業考古》，2002 年第 2 期。

18. 范增平著：《茶藝美學論》，《廣西民族學院學報》(哲學社會科學版)，2002 年第 2 期。

19. 劉林著：《淺議中國茶道與道德素質教育》，《茶葉通訊》，2003 年第 3 期。

20. 賴功歐著：《茶道與禪宗的「平常心」》，《農業考古》，2003 年第 2 期。

21. 劉俊利著：《漫談儒家思想與中國茶道精神》，《茶葉通訊》，2004 年第 3 期。

22. 余悅著：《「茶禪一味」的三重境界》，《農業考古》，2004 年第 2 期。

23. 凱亞著：《中國茶道的淡泊之美》，《農業考古》，2004 年第 4 期。

24. 林瑞萱著：《陸羽茶經的茶道美學》，《農業考古》，2005 年第 2 期。

25. 馬嘉善著：《中國茶道美學初探》，《農業考古》，2005 年第 2 期。

26. 凱亞著：《中國茶道的風度之美》，《農業考古》，2005 年第 2 期。

27. 李麗施著：《中國茶道中的道家理念研究》，《茶葉》，2005 年第 4 期。

28. 凱亞著：《中國茶道的虛靜之美》，《農業考古》，2005 年第 4 期。

29. 余悅著：《儒釋道和中國茶道精神》，《農業考古》，2005 年第 5 期。

30. 凱亞著：《中國茶道的簡約之美》，《農業考古》，2006 年第 2 期。

31. 胡長春著：《道教與中國茶文化》，《農業考古》，2006 年第 5 期。

32. 陳文華著：《中國茶道與美學》，《農業考古》，2008 年第 5 期。

33. 范增平著：《禪茶的生活化》，《海峽茶道》，2008 年第 12 期。

34. 何融融、郭柯柯著：《朱子理學與中國茶道》，《農業考古》，2010 年第 5 期。

35. 胡長春著：《淺談對中國茶道的若干認識和理解》，《農業考古》，2010 年第 5 期。

36. 馬守仁著：《禪心茶韻：試論儒、道、釋三家學說對中國茶道的影響》，《農業考古》，2010 年第 5 期。

37. 范增平著：《自然環境中的茶席設計》，《海峽茶道》，2011 年第 1 期。

附錄一：淺論中國茶道裏的文人品格

摘 要

對於中國古代文人來說，茶，有時像是能給心靈帶來恬靜愉悅的朋友，有時像是能予人教誨和警醒的師長，更多的時候是帶來源源不斷的創作靈感。事實上，這些美好的感受已經遠遠超出了飲食感官的快適，由身體的層面進入到了心靈的層面。在歷史的長河中，這亦師亦友的神物所蘊含得靜、儉、眞的特質，成爲了中國古代文人品格的比照和追求。

關鍵詞：茶道 文人品格 儉 靜 眞

在中國，茶道是人們通過感官來品賞茶的形、色、香、味，並由品飲茶進入到品悟人生、社會、自然乃至宇宙之道的方式和途徑。可以說，茶是文人士大夫們通往「道」的方式之一，崇尚儒家的人通過品茶看到了仁義禮智信，崇尚道家的人通過品茶看到了自然與逍遙，崇尚禪宗的人通過品茶看到了空寂無住的般若智慧。而茶本身所蘊含得儉、靜、眞的特質，更成爲了中國古代文人士大夫們一生所追求的優良品格。

一、「儉」

　　唐代詩人元稹的《一言至七言詩‧茶》，將茶與文化的緊密聯繫用生動的筆觸描寫出來：

茶，

香葉，嫩芽。

慕詩客，愛僧家。

碾雕白玉，羅織紅紗。

銚前黃蕊色，碗轉曲塵花。

夜後邀陪明月，晨前命對朝霞。

洗盡古今人不倦，將至醉後豈堪誇。

　　這首著名的寶塔詩從可見可感的茶葉外形和香味開始，以擬人的修辭手法，從茶的角度引出其深受「詩客」和「僧家」的愛慕之實。饒有興味地將唐代步驟繁多的煮茶過程，用「白玉」、「紅紗」來取代，顯得生動而雅致，令人讀來不禁心生遐想。那「銚前黃蕊色」，「碗轉曲塵花」，同樣是用色彩和形態來描述茶淡黃明澈的湯色和茶末浮轉如花的樣態。夜深之後，人與空中的明月相伴品飲；清晨時分，輕啜茶香坐看朝霞初露。「洗盡古今人不倦，將至醉後豈堪誇」進一步肯定和褒揚了茶對於人生和社會的重要影響。這寧靜而有充盈生氣的心境，不僅是茶與天地自然給予人的饋贈，更是人心經由茶的蕩滌，褪去塵埃霧靄，漸入寧靜清新的茶道意境。

　　中國的文人士大夫作為古典思想的繼承者，常常借品茗表達心中對名利的淡泊，對自然人生的興味，有意識地去除凡塵的附麗，一心追求天然的儉樸之美。茶聖陸羽在《茶經‧五之煮》中這樣寫道：「茶性儉，不宜廣，則其味暗淡。」[註1] 此處的「儉」是指茶的本性含蓄內斂，因而煮茶時水不宜加得過多，不然茶就會變得寡淡無味。回頭看看，陸羽在《茶經‧一之源》說：「茶之為用，味至寒，為飲最宜精行儉德之人。」這裡說的「儉」則是形容茶人儉樸的品德，認為只有具備如此品行的人才最適宜飲茶。而儉樸，歷來是中國文人士大夫「心嚮往之」的美好品德。

　　徐渭在《煎茶七類》一文中，首先講的就是「人品」，「煎茶雖微淡小雅，然要須共人與茶品相得。」煎茶雖是件微小的雅事，然而茶人的人品得要與

〔註1〕本文《茶經》原文均引自：陸羽著，《茶經》，華夏出版社，2006 年 6 月版。

茶品相匹配才行。由此可見，茶品與人品是相通的。楊萬里也在《謝木溫之舍人分送講筵賜茶》中寫道：「故人氣味茶樣清，故人風骨茶樣明。」〔註2〕以簡潔形象的比喻來褒揚故人的氣質風骨猶如茶水一般清明。在這裡，茶成爲了高尚品德的象徵。諸如此類的記述還有：

　　《晉書・桓溫列傳》：「溫性儉，每宴惟下七奠，拌茶果而已。」

　　《晉中興書》：「陸納爲吳興太守時，衛將軍謝安嘗欲詣納。納兄子俶怪納無所備，不敢問之。乃私蓄十數人饌。安既至，納所設唯茶果而已。俶遂陳盛饌，珍羞畢具。及安去，納杖俶四十。云：『汝既不能光益叔父，奈何穢吾素業。』」

　　《南齊書・武帝本紀》：永明十一年七月「又詔曰：⋯⋯我靈上慎勿以牲爲祭，唯設餅、茶飲、乾飯、酒脯而已。天下貴賤，咸同此制。」

　　這些故事都將人的儉樸之德與茶的清儉之性聯繫起來，並且茶的價格相對低廉，在當時飲茶是生活儉樸的作風，因此古人常以茶示儉。至南齊時，「天下貴賤，咸同此制」，以茶示儉已經成爲了社會的共識。這種共識在唐代也被接受，陸羽所倡導的「精行儉德」，正彰顯了品德儉樸對於茶人的重要性。

　　道家學派的創始人老子曾說：「見素抱樸，少私寡欲。」〔註3〕「五色令人目盲，五音令人耳聾，五味令人口爽，馳騁田獵令人心發狂。」〔註4〕認爲人應保持著素樸的本性，減少個人的欲望。繽紛的物欲世界使人眼花繚亂，靡靡的音樂使人聽覺麻木，豐富鮮美的食物使人禁不住嘴饞，縱馬打獵行樂使人心性浮躁。孟子也說過：「養心莫善於寡欲。其爲人也寡欲，雖有不存焉者，寡矣；其爲人也多欲，雖有存焉者，寡矣。」〔註5〕欲望過甚，耳目鼻舌等的官能作用就會壓倒本心；適當控制欲望則心所受的牽累就會減少，這樣一來事物的原貌就會如實地反映在人的心裏。人們如果過份沉溺於感官享樂，將會迷失心性；而具有清儉之性的茶，滋味或「淡」或「苦」或「甘」，這清淡得近乎「無味」之「味」被道家推崇爲「至味」。而茶本是天地間的清

〔註2〕宋・楊萬里撰，《誠齋集》，《謝木溫之舍人分送講筵賜茶》，文淵閣四庫全書本，卷17。

〔註3〕《老子》，本文引述老子原文源自陳鼓應注譯：《老子今注今譯》，商務印書館，2003年版。

〔註4〕《老子》。

〔註5〕《孟子》。

靈之物，獨有的清香和清味能夠洗滌凡塵，剩下的便是人性與天性的本質。

二、「靜」

　　明代李時珍撰寫的《本草綱目》將茶的記述分爲釋名、集解、茶、茶子四部，對於茶樹的生態、各地茶產以及栽培方法等均有記述，其中關於茶的藥理作用有著詳細的記載：「茶苦而寒，陰中之陰，沈也，降也，最能降火。火爲百病，火降則上清矣。然火有五次，有虛實。苦少壯胃健之人，心肺脾胃之火多盛，故與茶相宜。」而三國時代的醫學家華佗《食論》中提出「苦茶久食，益意思」的說法，也是茶葉藥理功效的第一次記述。正是由於茶對人的身體有著寧神降燥的作用，故而能使飲茶之人的內心淡泊，品性恬靜。

　　在中國，「禪宗重視的是現世的內心自我解脫，它尤其注意從日常生活的微小事中得到啓示和從大自然的陶冶欣賞中獲得超悟，因而它不大有迷狂式的衝動和激情，有的是一種體察細微、幽深玄遠的清雅樂趣，一種寧靜、純淨的心的喜悅。」〔註6〕而茶的性味至寒，對人的生理有特殊的作用：熱渴、凝悶、腦疼、目澀、四肢煩、百節不舒等都有一定程度的緩解乃至消除的作用。人的氣血順暢了，心靈才會平和寧靜。

　　《禮記‧樂記》中說「人生而靜，天之性也。感於物而動，性之欲也。物至知知，然後好惡形焉。好惡，無節於內，知誘於外，不能反躬，天理滅矣。夫物之感人無窮，而人之好惡無節，則是物至而人化物也。人化物也者，滅天理而窮人欲者也。」這段文字對於人的天性有了精闢的論述，人性原本是寧靜的，接感於外物使得本性動蕩，這是內在的欲望所致。外物觸動人心，而後形成了喜好與厭惡之情。如果這些喜好與厭惡之情在內心不能得到節制，對外物的誘惑不能抵禦，那麼人的天性便漸漸泯滅了。由此可知，內心動蕩則會使人性動搖。「中國士大夫追求的是內心寧靜、清淨恬淡、超塵脫俗的生活，這種以追求自我精神解脫爲核心的適意人生哲學使中國士大夫的審美意趣趨向於清、幽、寒、靜。自然適意、不加修飾、渾然天成、平淡幽遠的閒適之情，乃是士大夫追求的最高藝術境界。」〔註7〕

〔註 6〕葛兆光著：《禪宗與中國文化》，上海人民出版社，1986 年 6 月第一版，第 122 頁。

〔註 7〕葛兆光著：《禪宗與中國文化》，上海人民出版社，1986 年 6 月第一版，第 122 頁。

老子說：「致虛極，守靜篤。萬物並作，吾以觀復」〔註 8〕虛則能受，靜則能觀。只有「致虛」、「守靜」，克去私欲，使心體回複本性的清明寂靜，然後能不致爲紛雜的外物所擾亂，觀察出萬物演化歸根，最終才能悟道。「虛」，形容心靈空明的境況，喻不帶成見。「致」，推致。「極」和「篤」指極度、頂點。〔註9〕致虛，物之極篤；守靜，物之眞正也。〔註10〕「未若抱樸以全篤實」〔註11〕，「篤」，眞實、樸實。「虛」、「靜」形容心境原本是空明寧靜的狀態，只因私欲的躁動與外界的擾亂，而使心靈蔽塞不安，所以必須時時做「致虛」、「守靜」的工夫，來恢復心靈的清明。在寧靜的氛圍和空靈虛靜的心境中，汲水、舀水、煮茶、斟茶、喝茶這些平凡而簡單的行爲都充滿著詩意的美。當茶的清幽香氛悠然浸潤身心時，人便在虛靜中變得空明，眞切地體會著與大自然相融相樂的愉悅。古往今來，無論是高僧還是雅士，都用「淨靜之心」來品茶味茶。「淨」能纖塵不染，心無雜念；「靜」可觀萬物之變，洞察入微。

莊子的「用志不紛，乃凝於神」〔註 12〕，本指對「道」的體認，後被藝術家們作爲審美心理的要領之一而遵從不殆。「坐忘」和「凝神」被神奇地統一於人的心靈層次中，它由深層的「坐忘」──滌除玄鑒，達到專一凝神的心理態勢。袁中道在《爽籟亭記》中深刻地論述了凝神在審美過程中的重要作用，他說：「神愈靜，則泉愈喧也。泉之喧者，入吾耳，而注吾心，蕭然泠然，浣濯肺腑，疏瀹塵垢，灑灑乎忘身世，而一死生。故泉愈喧，則吾神愈靜也。」神愈靜而泉愈喧，泉愈喧而神愈靜，在神情專一中物象紛呈浣淨靈府，從而更增加了心靈「虛靜」的程度。因而，中國的文人士大夫們將「清靜」、「恬靜」作爲理想品性的追求，並將「靜」作爲產生文思和藝術靈感的最佳狀態。

三、「眞」

古代文人崇尚質樸天眞，在飲茶過程中將具有靈性的茶與道德修養聯繫起來，烹茶品茗的是靜省修身，淨化心靈和回歸天眞的過程。顏眞卿在《月

〔註 8〕《老子》。

〔註 9〕陳鼓應：《老子注釋及評介》，中華書局，1984 年版，124 頁。

〔註10〕王弼著，樓宇烈校釋：《王弼集校釋》，中華書局，1980 年版，35 頁。

〔註11〕參閱《老子指略》，王弼著，樓宇烈校釋：《王弼集校釋》，中華書局，1980 年版，198 頁。

〔註12〕《莊子·達生》。

夜嘷茶聯句》中寫道：「流華淨肌骨，疏淪滌心源」，他認爲細膩微甘的茶水能蕩滌人的肌骨，整個烹茶品飲的過程更有益於葆養心靈的本眞。

「茶聖」陸羽懷有一顆赤子之心，一生保持著淳樸天眞的本色。陸羽一生鄙夷權貴，不重財富，酷愛自然，堅持正義。陸廷燦撰寫的《續茶經》記錄了陸羽的一首歌：「不羨黃金罍，不羨白玉杯；不羨朝入省，不羨暮入臺；千羨萬羨西江水，曾向竟陵城下來。」〔註13〕榮華富貴、功名利祿，在他看來這些皆如浮雲。陸羽在《四標詩》中寫道：「夫日月雲霞爲天標，山川草木爲地標，推能歸美爲德標，居閒趣寂爲道標」認爲人若能從一杯清茶中去品悟人生，體悟生活，讓空靈清淨的心境溶入大自然的日月雲霞，山川草木之中，去感受與自然合而爲一的美。正因爲陸羽達到了「居閒趣寂」的精神境界，在茶中品出了人生的眞諦，才能在艱辛淡然中寫出《茶經》這一不朽之作。在他的心裏，有比這些虛無的功名富貴更重要、更值得追求和珍惜的東西，那就是對於人性的自由的執著追求，擁有事業的充分自主。

宋代大文豪蘇軾一生仕途坎坷，對茶的熱愛程度可以見出他爲人天眞，將烹茶品茗作爲與自然親近的方式。他在《汲水煎茶》中寫道：「活火還需活水烹，自臨釣石取深情。大瓢貯月歸春甕，小構分江入夜瓶，茶雨已翻煎處腳，松風忽作瀉時聲。枯腸未易禁三碗，坐數山城長短更。」〔註14〕詩人認爲茶、活火和活水皆源自天然，將水比作一汪深情，在釣石邊舀取，舀起的是不僅是深情，還有皎潔的月兒。天眞的孩子般用活水和活火來精心烹煮，一邊聽著松風和著煮茶聲。茶好了，便一邊細品，一邊數著山城裏傳來的長長短短的打更聲。

老子說：「常德不離，復歸於嬰兒。」〔註15〕又說：「眾人熙熙，如享太牢，如春登臺，我獨泊兮其未兆，如嬰兒之未孩。」〔註16〕你看那眾人應對攘往，好像趕赴豐盛的筵席，又像春天去登臺眺望。只有我淡泊而無動於衷，就像那不知笑的嬰兒一樣。「法天貴眞」出自《莊子·漁夫》：「眞者，精誠之至也。不精不誠，不能動人。故強哭者雖悲不哀，強怒者雖嚴不威，強親者雖笑不和。眞悲無聲而哀，眞怒未發而威，眞親未笑而和。

〔註13〕《四庫全書》子部，譜錄類，飲饌之屬，續茶經，卷下之一。
〔註14〕《蘇軾詩集》，中華書局1982年點校本，第7冊，第2362頁。
〔註15〕《老子》第二十章。
〔註16〕《老子》第二章。

真在內者，神動於外，是所以貴真也。……真者，所以受於天也，自然不可易也。故聖人法天貴真，不拘於俗。」作為人論，莊子認為法天就是法自然，自然是真實的存在，它從不說謊，人要法天，就是要真誠地坦露自身的真性情，真性情的敞開就具有感人的力量，反之則不然，不真不誠則不能動人。莊子在這裡所強調的是人的內在情感與外在表現形式的統一。內心情感激越，即使表面平靜，人們也能感受得到；相反，內心毫無波瀾，愈是假裝，愈無法長久。

　　道家論心，以道為本。心是自然之道的載體，人應擺脫物欲的束縛，返還心與道合的先天境地，這便是莊子所說的「心齋」以及《淮南子》所說的「天心」。以人心合天心，以天心化人心，最得宇宙人生之會通無礙的真趣。他們清靜愉悅、素樸天真，這正是對世俗煩礙的超越。他們貴無重虛、得意忘形，這是對現象世界的超越。他們齊同萬物、天人一體，這是對物我界限的超越。正是通過一個又一個的超越，造就了與天地並生、萬物為一的「真人」。「空潭瀉春，古鏡照神，體素儲潔，乘月反真。載瞻星辰，載歌幽人，流水今日，明月前身」〔註17〕。「體素」即《莊子・刻意篇》中說的：「素也者，謂其無所與雜；純也者，謂其不虧其神也能體純素，謂之真人」。無知無欲，無所與雜，純真素樸，是為「儲潔」。至人無我、無為、無名，與天道一體，達到了「天地與我並生，萬物與我為一」的自由之境。

　　茶葉集天地山川的靈氣於一身，具有清儉、平和的秉性，深得文人士大夫們的喜愛與贊賞，他們將茶葉視為具有靈性的聖潔之物。韋應物在《喜園中茶生》詩中贊美它：「潔性不可污，為飲滌塵煩。此物信靈味，本自出山原。」而對茶的諸多美稱也能窺見人們對它的熱愛，如陸龜蒙稱之為「靈草」，杜牧稱之為「瑞草魁」，齊己說它「百草讓為靈」，歐陽修稱之為「靈芽」等等。文人士大夫們在飲茶過程中，將茶葉與人的道德修養聯繫起來，認為通過整個品茶活動能修養心性進而完善人格。明代朱權在《茶譜》序中描寫道：「予嘗舉白眼而望青天，汲清泉而烹活火，自謂與天語以擴心志之大，符水火以副內練之功，得非遊心於茶竈，又將有裨於修養之道矣。」這便是在茶事活動中有意識地歷練心志、修身養性，將傳統文化的精髓融入茶道精神之中的例證。

〔註17〕唐・司空圖：《二十四詩品・洗練》。

結　語

　　茶對於我們來說已經超越了飲茶形式上的理想化，變成了探索生之藝術的宗教。這種飲料成爲崇拜和優雅的藉口，有著成就主客盡歡、營造出塵世中至上幸福的神聖功能。茶室是生存荒漠中的綠洲。旅途勞頓的人們在這裡相逢，共飲藝術的甘泉。〔註 18〕中國士大夫們則是通過對外界事物的觀照體驗，又在這觀照體驗中達到物我同一，使內心世界與外在物象融爲一體，使美的情感與美的物象結合而得到心靈的愉悅。〔註 19〕可以說，茶之道不僅僅源於茶本身，更源於烹茶品茗的事茶人。其中，文人士大夫們作爲茶文化的主力軍，更是將中國儒釋道思想的精粹通過茶詩、茶畫等藝術作品傳承下來，彰顯了他們卓爾不群的文人品格。

〔註 18〕　（日）岡倉天心著：《茶之書》，北京出版社，2010 年 2 月，第 24 頁。
〔註 19〕　葛兆光著：《禪宗與中國文化》，上海人民出版社，1986 年 6 月第一版，第 133 頁。

附錄二：致虛守靜得逍遙——略論中國茶道的審美路徑

摘　要

　　本文以中國茶道的相關詩文和史料為研究素材，從「飲茶之道」和「品茗悟道」兩個層面對茶道的概念進行了區分和界說。擬將中國茶道中所蘊含的道家之虛靜思想，用以闡述人們通過「以虛空達境」和「以靜品為美」的審美路徑，來最終達到人、茶、自然遊心逍遙的審美之境。

關鍵詞：茶道　致虛守靜　逍遙

　　茶自古作為中國的「國飲」，在宏闊悠長的歷史畫卷裏，彷彿一泓澄澈靈動的清泉，給人們的身心帶來滋養與寧靜。如果說日本的茶道充滿了禪宗的凝重氣息，韓國的茶禮深受儒家精神的影響，那麼茶的故鄉——中國，則是將道法自然，虛靜守篤，品茗悟道得逍遙的精髓融入了茶水中。人們在獨自啜飲間，言談笑聲裏，品味著「壺裏乾坤大，杯中日月明」的豁達清朗。

一、「茶道」的界說

中國是茶道的發源地，是茶的故鄉。「茶之爲飲，發乎神農氏，聞於魯周公，齊有晏嬰，漢有揚雄、司馬相如，吳有韋曜，晉有劉琨、張載、遠祖納、謝安、左思之徒，皆飲焉。滂時浸俗，盛於國朝，兩都並荊俞間，以爲比屋之飲。」〔註1〕神農時代是中華民族發展史的遠古時期，由此推知茶葉的發現與應用距今已有4500多年的歷史了。兩漢時，茶從巴蜀傳至長江中遊，三國時傳到長江下游。到了兩晉南北朝時期，茶逐漸成爲由王公貴族到文人墨客，乃至平常人家的飲品和待客之物。歲月悠悠，承載著中國傳統文化精神的茶，也由治病養身的湯藥、飲品，上升到了靜定思悟，和諧友愛的佳品。世界上最古老最完備的茶文化專著是茶聖陸羽所著的《茶經》。陸羽在《茶經》中不僅對茶之源、具、造、器、煮、飲、事、出、略、圖等進行了簡潔精闢的描述，還明確提出「精行儉德」的茶人品行，以及由此延展開去的中國茶道的基本精神。因而中國古代的「茶道」概念，不僅涵蓋了「飲茶之道」，還有「品茗悟道」這一重要方面。我們先來看飲茶之道：

（一）飲茶之道

人類對於感官上所體會到的愉悅相對來說是直接的，而精神層面的愉悅是一個比較複雜的歷程。在中國古代，所謂的「美」最初是從感官愉悅的角度提出來的。而飲茶之道，主要是指茶的採摘、製作以及品飲的方法。「道」在此處是爲「方法，方式」解。如何鑒賞茶葉的形之美、茶器之美，茶的各種製作和品飲方法，茶湯之色香味的品評，飲茶環境的營造，以及茶藝、茶儀的演示等，皆屬此列。

唐代開始，茶業在社會、文化、經濟等安定的局面中得到了空前發展，並形成了茶文化的輪廓。尤其進入中唐時期後，茶文化和與茶相關的文學活動大爲興盛，在陸羽，皎然等的影響下，茶在人們的生活中顯得越來越重要。陸羽所編纂的《茶經》，不僅考證了「茶」字的釋義，還系統全面地論述了有關器具、製茶、煮茶、飲茶等十個方面的內容，使人們對與茶相關的整個體系有了整體的認識，飲茶之風也隨之大面積地傳播開去。封演的《封氏聞見記》中載有「楚人陸鴻漸爲茶論，說茶之功效，並煎茶炙茶之法，造具24事，以都統籠貯之。遠近傾慕，好事者家藏一副。有常伯熊者，又因鴻漸之論，

〔註 1〕陸羽著：《茶經》，華夏出版社，2006 年 6 月版，第 34、35 頁

廣潤色之，於是茶道大行。」如此可見，常伯熊根據陸羽的《茶經》進行了潤色發揮，掀起了一場史無前例、轟轟烈烈的飲茶風潮，從此茶道盛行。在這段歷史記載裏，「茶道」所指的便是「飲茶之道」。

　　到了明朝中期，茶人張源在其《茶錄》中列出「茶道」一條，說道：「造時精，藏時燥，泡時潔，精、燥、潔，茶道盡矣。」其中所言的「茶道」，包括造茶、藏茶、泡茶之道。晚明時期的文人、茶人陳繼儒在爲周慶叔的《茶別論》作序說：「則於國初已受知遇，……第蒸、採、烹、洗，悉與古法不同。而喃喃者猶持陸鴻漸之《經》、蔡君謨之《錄》而祖之，以爲茶道在是，當不會令慶叔失笑。」明代後期流行散茶淪泡，湖州長興茶屬蒸青綠茶，因當地的環境易染沙塵，故泡茶前必先洗茶，故謂其「蒸、採、烹、洗，悉與古法不同」。陸羽《茶經》倡煎茶，蔡襄《茶錄》倡點茶。陳繼儒生活的晚明時期泡茶流行，不但煎茶早已絕跡，點茶也已淘汰。他所說的「茶道」則包括「蒸、採、烹、洗」，爲「製茶、泡茶」之道。

（二）品茗悟道

　　陸羽在《茶經》中並未提出「茶道」一詞，只說：「茶之爲用，味至寒，爲飲最宜。精行儉德之人，若熱渴、凝悶、腦疼、目澀、四肢煩、百節不舒，聊四五啜，與醍醐、甘露抗衡也」。可見，陸羽將茶的諸多益處，只對精行儉德之人說開去。「精行儉德之人」，是指修身與積德，提高覺悟，嚴謹生活之人。而茶性至寒，只要飲上幾口，便有著能解熱渴、凝悶、腦疼、目澀、四肢煩、百節不舒等益處，那甘美之味能與醍醐、甘露相媲。「醍醐」是指從牛乳中反覆提煉而得到的甘美之物，印度人不但視它爲「世間第一上味」，並且認爲它有較高的藥用價值。佛教常用「醍醐」比喻「無上法味」、「大涅槃」及「佛性」等。如此聖品，陸羽卻獨推「精行儉德之人」來品飲，可見他對茶人的定義有著自己的見解。自此後人在形容茶人的品質時，多用「精行儉德」來概述；而古時普遍流行的「比德說」也讓茶有了如是特性。可以說，《茶經》未言「茶道」一詞，卻由內在的茶道精神貫穿通篇。

　　目前茶學界普遍認爲，「茶道」一詞首次完整地出現於中唐詩僧皎然的《飲茶歌誚崔石使君》一詩中。詩人不僅描繪了仙瓊蕊漿帶來的唇齒留香，更點出了主人公由飲茶之道漸進到修養身心、體悟得道的過程。他在詩中寫道：

　　　　越人遺我剡溪茗，採得金芽爨金鼎。素瓷雪色縹沫香，何似諸

仙瓊蕊漿。一飲滌昏寐，情來朗爽滿天地。再飲清我神，忽如飛雨
灑輕塵。三飲便得道，何須苦心破煩惱。此物清高世莫知，世人飲
酒多自欺。愁看畢卓甕間夜，笑向陶潛籬下時。崔侯啜之意不已，
狂歌一曲驚人耳。孰知茶道全爾真，唯有丹丘得如此。

在清幽雅靜的環境和空靈的心境中，細品靜悟，體會到超脫的「茶道」
真意。皎然在詩中所寫的「三飲」很好地表達了「茶道」的意境：素樸純潔
的白瓷映襯下的茶湯分外明澈，細膩漂沫微微浮動，清香四溢，入口時那彷
彿蕊漿仙液般滑潤綿柔。「一飲滌昏寐，情思朗爽滿天地。再飲清我神，忽如
飛雨灑輕塵。三飲便得道，何須苦心破煩惱」，從俗世間的紛爭交戰中得來的
沉重昏惑，執著於心的種種欲望悵惘，就在茶的一飲、再飲、三飲的蕩滌沖
刷之下，被神奇地分解消散掉，隨之而來的是省悟過後的清心朗爽。再飲則
讓人心清神濾，恰如一陣飛雨滌盡塵世污濁，從而擁有了潔靜而空靈的心境；
三飲之後，味出茶中之道，心胸曠達，煩惱一掃而光，何須再去苦心參禪解
憂。茶是清高而神奇的飲品，讓一個滿心是愁的人懂得放下，轉愁為笑體悟
到陶潛「採菊東籬下」的悠然適意。且讓人啜飲後仍覺開懷之意不盡，言之
不足歌詠之，放聲狂歌多麼暢然，哪管旁人眼光？這才是真正體悟到了茶道。

皎然詩中所提出的「茶道」，是融儒、道、佛三家理念的「道」，深化了
飲茶的意義，提升了品飲的境界，奠定了中國茶道美學的基礎。也正是在他
與陸羽為代表的倡導者的積極帶動下，寺院中的茶會、茶宴等廣泛流行，推
動了茶道的形成和發展。可以說皎然與陸羽是中國唐代「茶道」文化的旗手，
為中國茶文化的發展和深化起到了巨大的指引作用，也對世界茶道的發展作
出了卓越貢獻。

二、致虛守靜——中國茶道的審美路徑

品茗，是涉及眼耳鼻舌心意的完滿而豐富的審美過程。我國的茶道是以
「品茗悟道」為基本精神的，而「致虛守靜」是中國茶道的主要審美路徑。
蘇軾在《汲江煎茶》中寫道：「活水還須活火烹，自臨釣石取深清。大瓢貯月
歸春甕，小杓分江入夜瓶。雪乳已翻煎處腳，松風忽作瀉時聲。枯腸未易禁
三碗，坐聽荒城長短更」。此詩是蘇東坡被貶儋州時所作，描寫其在幽靜的月
夜中，臨江汲水煎茶品茗的妙趣。夜裏的江面平靜如鏡，月影清晰亭立，甚
至斟茶的細微之音也如同松風颼颼，岸上傳來的打更聲長短交替著，聲聲入

耳。詩中無一「靜」字而靜意自現，作者在困境中取水烹茶、品茶味道的達觀心態，也體現了中國茶道自古以虛空達境，以靜品爲美的審美路徑。

（一）以虛空達境

周作人在《喝茶》裏這樣說到：「茶道的意思，用平凡的話來說，可以稱作是『忙裏偷閒，苦中作樂』，在不完全的現世享樂一點美和和諧，在刹那間體會永久」。〔註2〕人有多少思慮就會有多少負擔，繁忙與苦悶難以釋然，而品茶給人一個冥想自省的可能，讓滿滿的心虛空下來。

老子說：「致虛極，守靜篤。萬物並作，吾以觀復」〔註3〕虛則能受，靜則能觀。只有「致虛」、「守靜」，克去私欲，使心體回複本性的清明寂靜，然後能不致爲紛雜的外物所擾亂，觀察出萬物演化歸根，最終才能悟道。「虛」，形容心靈空明的境況，喻不帶成見。「致」，推致。「極」和「篤」指極度、頂點。〔註4〕致虛，物之極篤；守靜，物之眞正也。〔註5〕「未若抱樸以全篤實」〔註6〕，「篤」，眞實、樸實。「虛」、「靜」形容心境原本是空明寧靜的狀態，只因私欲的躁動與外界的擾亂，而使心靈蔽塞不安，所以必須時時做「致虛」、「守靜」的工夫，來恢復心靈的清明。

在老子的哲學思想裏，「虛」不僅能受，而且能夠成己、成物，「上德若谷」〔註7〕，「大盈若沖，其用不窮」〔註8〕，此所謂虛懷若谷；「靜」不僅能觀，也能勝躁、勝動，「重爲輕根，靜爲躁君」〔註9〕，「牝常以靜勝牡」〔註10〕，此所謂以靜制動。班固在《漢書・藝文志・諸子略序》中敘述道家說：「清虛自守，卑弱以自持，此其所長也」。「清虛」就是「虛靜」，「虛靜」是道家的特點，其重要性可想而知。道體原本虛靜，人體道而行，則需致虛守靜。「致虛極，守靜

〔註2〕 馬明博、肖瑤：《清香四溢的柔軟時光・文化名家話茶緣》，北京：中國青年出版社。
〔註3〕 《老子・十六章》，本文引述老子原文源自陳鼓應注譯：《老子今注今譯》，商務印書館，2003年版。
〔註4〕 陳鼓應：《老子注釋及評介》，中華書局，1984年版，124頁。
〔註5〕 王弼著，樓宇烈校釋：《王弼集校釋》，中華書局，1980年版，35頁。
〔註6〕 參閱《老子指略》，王弼著，樓宇烈校釋：《王弼集校釋》，中華書局，1980年版，198頁。
〔註7〕 《老子・四十一章》。
〔註8〕 《老子・四十五章》。
〔註9〕 《老子・十六章》。
〔註10〕 《老子・六十一章》。

篤」是老子修「道」、悟「道」達到完美人生的方式，也是中國美學「虛靜」思想的原始根因。

多少憂悶與困苦，都是因爲「有我」，這份執著讓人們緊緊攢住關於自己的一切。因此，莊子提出了：「虛而待物。唯道集虛，虛者，心齋也」〔註11〕。以「忘我」、「喪我」、「虛己」等內心的深刻體驗，去替代社會無限多樣的追求，達到「至人」、「神人」、「真人」的人格特質。其核心即是「虛而待物」、「朝徹」、「見獨」的心境。莊子的所謂「心齋」，是心靈空無一物的專一虛靜狀態，即通過「虛而待物」達到與天道的契合。南伯子葵曾問女偶聞道的秘方，女偶說出了由「忘」進而「虛而待物」，心境靜極而動，如朝陽初啓，明澈玄遠，天道飄然而見的奇特景象。「三日而後能天下。七日而後能萬物，九日而後能外生，已外生矣，而後能朝徹，朝徹而後能見獨」〔註12〕「外」即忘也，只有能始終如一的「忘」，才能摒棄雜欲，忘掉物我的現實存在，「兩忘而化其道」，「意即物我兩忘而融合在道的境界中，『忘』和『化』是心靈所能達到的最高境界。『忘』爲外在適然融合而無心；『化』爲隨變化而變化，參與大化流行而安於所化」。在無物、無我的虛靜狀態中，滌除心境上的塵垢，讓心靈進入一個空寂的世界，也就是莊子所說的「遊心於物之初」。

每一次空杯，都是將已有的種種成見、愁緒清洗乾淨，彷彿讓心復歸嬰兒時的純潔無污。蕩滌的是塵膩，留在心中的才是萬古不變的本真。梁簡文帝的《玄虛公子賦》言：「心溶溶於玄境，意飄飄於白雲，忘情物我之表，縱志有無之上。」用思飄逸，忘情玄境，心與宇宙參會，達到最廣大的心靈空間的情意躍遷。蘇東坡的《送參寥師》詩云：「欲令詩語妙，無厭空且靜。靜能了群動，空故納萬境」，便是使無垠的萬物自然相和，將不息的生命搏動都化入這一片虛靈空廓的心靈中。

（二）以靜品為美

在寧靜的氛圍和空靈虛靜的心境中，汲水、舀水、煮茶、斟茶、喝茶這些平凡而簡單的行爲都充滿著詩意的美。當茶的清幽香氛悠然浸潤身心時，人便在虛靜中變得空明，真切地體會著與大自然相融相樂的愉悅。古往今來，

〔註11〕《莊子・人間世》，本文所引莊子原文源自《莊子今注今譯》，陳鼓應注譯，
　　　　商務印書館，2007年版。
〔註12〕《莊子・大宗師》。

無論是高僧還是雅士，都用「淨靜之心」來品茶味茶。「淨」能纖塵不染，心無雜念；「靜」可觀萬物之變，洞察入微。

　　莊子的「用志不紛，乃凝於神」〔註13〕，本指對「道」的體認，後被藝術家們作為審美心理的要領之一而遵從不殆。「坐忘」和「凝神」被神奇地統一於人的心靈層次中，它由深層的「坐忘」——滌除玄鑒，達到專一凝神的心理態勢。袁中道在《爽籟亭記》中深刻地論述了凝神在審美過程中的重要作用，他說：「神愈靜，則泉愈喧也。泉之喧者，入吾耳，而注吾心，蕭然泠然，浣濯肺腑，疏淪塵垢，灑灑乎忘身世，而一死生。故泉愈喧，則吾神愈靜也。」神愈靜而泉愈喧，泉愈喧而神愈靜，在神情專一中物象紛呈浣淨靈府，從而更增加了心靈「虛靜」的程度。靜而觀，觀而靜，如是反覆，漸次深入，審美飛躍即在此反覆中。

　　「靜」也是禪宗的最大特點，「禪」字本是梵文的音譯，其本意就是「靜慮」。通過靜觀的方式，排除一切雜念，專心致志地冥想，直到某一瞬間頓然領悟到佛法的真諦。而茶之特性正是「沖淡閒潔，韻高致靜」〔註14〕，沖淡閒潔的茶性和高雅的神韻會將人最終導入「靜」的境界。唐代靈一和尚的《與亢居士青山潭飲茶》詩中描寫的就是這種情景：「野泉煙火白雲間，坐飲香茶愛此山。岩下維舟不忍去，青溪流水暮潺潺。」在野外青山的泉邊煮茶，任茶煙飄入天外白雲間，靜品香茗觀賞山色美景，風輕雲淡，山籟靜寂，只有溪流潺潺，直到暮色降臨仍不願歸去。如此的品茗意境與錢起的《與趙莒茶宴》中「竹下忘言對紫茶，全勝羽客醉流霞。塵心洗盡興難盡，一樹蟬聲片影斜」有著異曲同工之妙，只需用一「靜」字概括，水聲和蟬聲都襯托出品茗環境的「靜」，也反映了品茗者的心境之「靜」。

　　古時的茶人們常愛置身於鍾靈毓秀的山水之中，在靜謐的自然環境中品味茶與人生宇宙，許多茶詩中均有描繪。李嘉祐的《題裴十六少卿東亭》：「平津舊東閣，深巷見南山。卷箔嵐煙潤，遮窗竹影閒」〔註15〕，展現的是在竹影遮窗、霧氣彌漫的山邊悠閒飲茶的情景。李德裕的《故人寄茶》：「劍外九華英，緘題下玉京。開時微月上，碾處亂泉聲。半夜邀僧至，孤吟對竹烹。碧流霞腳碎，香泛乳茶輕。六腑睡神去，數朝詩思清。其餘不敢費，留伴讀

〔註13〕　《莊子·達生》。
〔註14〕　宋·趙佶：《大觀茶論》。
〔註15〕　丁方曉，曾德明，楊雲輝編：全唐詩（第二冊），嶽麓書社，1998年版。

書行」〔註16〕描寫的是月照、水流之時在竹林中與知心茶友，相對啜飲靜夜品茗的情景。朱慶餘的《鳳翔西池與賈島納涼》：「四面無炎氣，清池闊復深。蝶飛逢草住，魚戲見人沈。拂石安茶器，移床選樹蔭。幾回同到此，盡日得閒吟」描繪的是在涼風習習的清池邊，蝴蝶花間舞，魚在水底遊，閒坐樹蔭下，品茶伴吟詩的靜美。

我國古代的茶畫也大多表現的是和風微拂，山泉清音，雋永超逸，悠然自遠的淡泊意境。如明代唐寅的《事茗圖》，顯現出的即是清淡高雅、順物自然，不逐名利、閒適恬靜的人生境界。如此的「淡泊之美」，是「純素之道，唯神是守。守而勿失，與神爲一」〔註17〕，亦是「素處以默，妙機其微，飲之太和，獨鶴與飛」〔註18〕。

三、遊心逍遙──中國茶道的審美之境

李澤厚先生曾對中日兩國的茶道進行了深入的比較和探討，他指出：「日本茶道和『和、敬、清、寂』一舉手、一投足的精心苦練，都是在刻意追求禪境的寂滅與超越。正是這樣，才能與世俗環境和世俗心境拉開距離，顯示差別。」〔註19〕在李澤厚先生看來，中國的茶文化恰恰視日本茶道「有失自然」，「仍停留執著在第二境上」。他對中日茶道比較的結論是：「中國是即境求悟，日本是造境啓悟」〔註20〕。

對於茶道而言，茶道之「用」，是用之於人生。正如馮友蘭先生所言，人生的最高境界是「自然」。世人常說「禪茶一味」，其實茶與禪中沒有什麼非自然或超自然之物。馬祖在慧能「明心見性」、「性淨自悟」的基礎上，提出了「平常心是道」這一禪道理念，更加突出了禪道鮮明的生活意味，從而無處不在地顯示了極其自由活潑的獨特宗風。下面這段話，也許最能說明馬祖道一順乎自然的禪道理念：

> 道不用修，但莫污染。何爲污染？但有生死心，造作趨向，皆
> 是污染。若欲直會其道，平常心是道。何謂平常心？無造作、無是

〔註16〕丁方曉，曾德明，楊雲輝編：全唐詩（第二冊），嶽麓書社，1998年版。
〔註17〕《莊子‧刻意》。
〔註18〕唐‧司空圖：《二十四詩品‧沖淡》。
〔註19〕李澤厚：《己卯五說》，中國電影出版社，1999年12月版，235至236頁。
〔註20〕李澤厚：《己卯五說》，中國電影出版社，1999年12月版，第237頁。

非、無取捨、無斷常、無凡無聖。經云：非凡夫行，非聖賢行，是
菩薩行。只於今行住坐臥，應機接物，盡是道。道即是法界，乃至
河沙妙用，不出法界。〔註21〕

隨緣任運，日用是道，這正是馬祖道一禪道自然觀的出發點及前提條件。
「平常心是道」這一命題正是從這個前提發展出來的。然而關鍵是：只有在
毫不造作的自然而然的活的機趣中，以平常之心去除一切障霧，才能達到自
由自在的境界，真正在「自性清靜」中做到無造作，無是非，無取捨，無斷
常，無聖無凡。自然而自由，先是以平常之心在直面事物本身時自然而然，
才有隨機妙用，即俗即真，即凡即聖的平常之心的自由。用禪宗的話來解釋
就是：自然而自由的平常心應是無所住的，人們生活在一個沒有限制的世界
裏。所謂「平常心」，所謂「無造作」，原是禪的內在精神：困了就歇息，餓
了就吃飯。一切都自然而然，一切都自由自在。而在茶道之中，「茶味禪味，
味味一味」，正是一種「平常心」帶來的自由境界。

道家論心，以道爲本。心是自然之道的載體，人應擺脫物欲的束縛，返還
心與道合的先天境地，這便是莊子所說的「心齋」以及《淮南子》所說的「天
心」。以人心合天心，以天心化人心，最得宇宙人生之會通無礙的真趣。他們清
靜愉悅、素樸天真，這正是對世俗煩礙的超越。他們貴無重虛、得意忘形，這
是對現象世界的超越。他們齊同萬物、天人一體，這是對物我界限的超越。正
是通過一個又一個的超越，造就了與天地並生、萬物爲一的「真人」。「空潭瀉
春，古鏡照神，體素儲潔，乘月反真。載瞻星辰，載歌幽人，流水今日，明月
前身」〔註22〕。「體素」即《莊子・刻意篇》中說的：「素也者，謂其無所與雜
也；純也者，謂其不虧其神也能體純素，謂之真人」。無知無欲，無所與雜，純
真素樸，是爲「儲潔」。「若夫乘天地之正，而御六氣之辯，以遊無窮者，彼且
惡乎待哉？故曰：至人無己，神人無功，聖人無名」〔註23〕。莊子認爲：真正
的逍遙在於純任自然。小鳩、大鵬以至列子御風而行都是各有所待，都是有條
件的，所以都不是絕對的逍遙。只有憑藉天地的正道，駕御陰、陽、風、雨、
晦、明六氣的變化，以遨遊於無窮者，才是無所依待的至人。至人無我、無爲、
無名，與天道一體，達到了「天地與我並生，萬物與我爲一」的自由之境。

〔註21〕《景德傳燈錄》卷28。
〔註22〕唐・司空圖：《二十四詩品・洗練》。
〔註23〕《莊子・逍遙遊》。

　　我國著名的美學家宗白華先生在《美學散步》中寫道:「靜穆的觀照和飛躍的生命是中國藝術的兩元」。由「致虛守靜」而獲得「遊心逍遙」,即心靈的全然自由無住,是中國茶道的審美至境。「人在草木中」為「茶」,這一字謎也簡潔地道出了茶道精神中的「天人合一」觀。的確,被歷代茶人們所稱道的正是一種無拘無束、全任自然的自由心境,生命在寧靜的心靈中湧起深層的活力,藝術的精靈在從容灑脫的情境中自由地飄飛。「俯拾即是,不取諸鄰,與道俱往,著手成春」〔註24〕,願在一壺熱茶的濃淡中虛廓心靈、滌蕩情懷,與天地相合無間;願在滿室茶香的溫潤中體素儲潔、乘月反真,優遊於物我兩忘、無所依待的逍遙之境……

〔註24〕唐・司空圖:《二十四詩品・自然》。

附錄三：楊維楨《煮茶夢記》賞析

在元代的詩文之中，有不少寫茶的作品，如馬臻（1290 年前後）的《竹窗》：「竹窗西日晚來明，桂子香中鶴夢清。侍立小童閒不動，蕭蕭石鼎煮茶聲。」洪希文的《浣溪沙・試茶》詞則另有一番情趣：「獨坐書齋日正中，平生三昧試茶功，起看水火自爭雄。熱挾怒濤翻急雪，韻勝甘露透香風，晚涼月色照孤松。」這些詩詞描述了茶道古風的要義，顯示出詩人超凡出塵的心境。而最能體現茶人追求逍遙之境的則是楊維楨撰寫的《煮茶夢記》，將茶飲與仙道思想結合起來。

一、楊維楨其人

《煮茶夢記》是一篇篇幅短小的茶文，其作者楊維楨（1296～1370）是元末明初著名文學家、書畫家。他字廉夫，號鐵崖、鐵笛道人，又號鐵心道人、鐵冠道人、鐵龍道人、梅花道人等，晚年自號老鐵、抱遺老人、東維子，會稽（浙江諸暨）楓橋全堂人，與陸居仁、錢惟善一起合稱為「元末三高士」。泰定四年進士。歷天台縣尹、杭州四務提舉、建德路總管推官，元末農民起義爆發，楊維楨避寓富春江一帶，張士誠屢召不赴，後隱居江湖，在松江築園圃蓬臺。主要著作有《東維子文集》及《鐵崖先生古樂府》。楊維楨由於沒能參與修遼金宋三史，且撰寫的《正統辯》未被採納，心中鬱鬱寡歡，同時因大量接觸黃公望的山水畫，使楊維楨對自己堅持的儒家治世理想產生質疑，進而萌生出對自然山水的留連與喜愛，這使得他對於道家思想有了更多的偏愛與推崇。

　　這一點在文學創作的主張上，對楊維楨產生了一定的影響。他對於詩的研究有獨到之處，強調「詩本性情」，關於詩文的見解和品評主要散見於各類序跋之中，而主張性情流露的核心思想則是貫穿其中的。關於楊維楨對元代詩歌的影響，有學者認為「元代後期，以平江（今蘇州）為中心，西及無錫、江陰，東至松江以及現屬浙江的嘉興、湖州等地，是詩歌創作的中心。聚集在這一地區的詩人大都是遠離政治的詩人，他們在政權即將瓦解的亂世之中，由對自身外部的追求，轉向對個體自身的關注，反映到詩歌中則是對個人情性的追求。楊維楨就是當時這種新思潮的傑出代表，他不僅是這一地區的詩歌領袖，也是元末最出色的詩論家，是促使元代詩歌思想發生重大轉變的關鍵性人物。」〔註1〕而在《李仲虞詩集序》中，他寫道：「詩者，人之情性也，人各有情性則人各有詩。」〔註2〕這種主張突破了推崇雅正的傳統理念，強調人的性情流露。他還在《兩浙作者序》中寫道：「曩余在京師時，與同年黃子肅、俞原明、張志道論閩浙新詩，子肅數閩詩人凡若干輩，而深詆餘兩浙無詩，余憤曰：『言何誕也，詩出情性，豈閩有情性，浙皆木石肝肺乎？』」〔註3〕認為性情是創作的源泉和動力，只要具備了情性就能寫出好的詩作。自從陸機在《文賦》中提出了著名的「詩緣情而綺靡」的理論，將個人情感的流露視為文學創作的審美標準之後，強調個人情感抒發的觀點被繼承與發揚。而在楊維楨之前，人們對於「情性」的主張是要求寫「性情之正」，如宋元時期的思想家吳澄在《蕭養蒙詩序》中說：「性發乎情則言，言出乎天真，情止乎禮義，則事事有關於世教」，認為詩歌中所表達的天真情性要有節度，達到止乎禮義教化之用。而楊維楨提出的「詩本情性」，強調的是人的自然情感與天賦本性，將真實情性作為基本要素，表現出對於性靈自由的執著追求。

　　楊維楨原本一直秉持著儒家治世精神，有著濃厚的入世濟民的理想，像其他「學而優則仕」的知識分子一樣，考取進士後，擔任天台尹的職務，經歷了改任錢清場鹽司令。由於他個性耿直，不夠圓融，未能受到重用。人到中年之時又遇到元末的兵亂，便避居到富春山，然後遷往錢塘。他與當時的文士大夫和才俊之士交遊甚密，在文壇有一定的影響力，但內心深處仍有著

〔註1〕哈嘉瑩著：《光明日報》，2005年7月29日，第006版。
〔註2〕《東維子集·卷七》。
〔註3〕《東維子集·卷七》。

無法濟世的憂鬱，「呼侍兒出歌白雪之辭，自倚鳳琵和之」〔註 4〕這樣的話語也表達出他隱含的愁緒與高潔之志。據記載，楊維楨常常會佩戴華陽巾，披上羽衣坐在船屋之上，吹著鐵笛在水上徜徉，追隨道家崇尚自由自在的人生理想，有時甚至會刻意放浪形骸。宋濂對此有這樣的看法，認為「蓋君數奇諧寡，故特託此以依隱玩世耳」〔註5〕，覺得楊維楨是借種種怪誕不羈的言行來表達自己隱於世的人生態度。

二、《煮茶夢記》的仙境之美

楊維楨在《煮茶夢記》中把煮茶遊夢遇仙的情景描寫了出來，由該文可以見出他對茶與道教的理解，對於「仙茶說」的思想是很好的詮釋。文章充分表現出飲茶人在茶煙彌漫的氛圍中，遊夢出塵的仙境之美。如仙如道，煙霞璀璨，此番情景在他的筆下給人以極大的審美享受。文章首先對此情景進行了描繪：

> 鐵龍道人臥石床，移二更，月微明及紙帳，梅影亦及半窗，鶴孤立不鳴。命小芸童，汲白蓮泉，燃槁湘竹，授以凌霄芽為飲供。道人乃遊心太虛，雍雍涼涼，若鴻蒙，若皇芒，今天地之未生，適陰陽之若亡，恍兮不知入夢。遂坐清真銀輝之堂，堂上香雲簾拂地，中著紫桂榻，綠璃幾。看太初《易》一集，集內悉星斗示，煥煜熻熠，金流玉錯，莫別爻畫，若煙雲日月，交麗乎中天。欽玉露涼，月冷如冰，入齒者易刻。

文中的鐵龍道人是楊維楨的別號，文章一開始對作者的品茗環境進行了描述。二更之時，月光微亮灑照在紙張上，梅樹的影子映在窗上，仙鶴形單影隻。交代小芸童，汲來白蓮泉的泉水，燃起枯槁的湘竹，備好凌霄芽品飲。於是，作者遊心於縹緲虛幻的境界，一時間彷彿處於鴻蒙之中，又彷彿置身皇芒之中，恍惚中不知不覺進入夢中，坐在清新妙真有銀色輝光的堂上，這裡香雲簾輕拂地面，中間有紫桂臥榻和綠璃幾。身心飄入純淨明潔的月宮，閱讀文采華麗的《易》集，眼觀變化莫測的爻畫，吟詠空靈虛靜的詩章，彷彿煙雲與日月交相

〔註 4〕〔清〕張廷玉等著：《明史》，臺北：鼎文書局，1979，卷 285，（文苑一·楊維楨），第 7308～7309 頁。

〔註 5〕〔明〕宋濂著：《宋學士文集》（收入《四部叢刊初編》，上海：上海商務印書館，1922 年，卷 16，《元故奉訓大夫江西等處儒學提舉楊君墓誌銘》。

輝映於天頂中，露水微涼，月光如水。楊維楨將品茶的氛圍與感受描繪得細膩生動，這樣飄渺舒心的體會正是人與道相合的體驗。老子在《道德經》中有云：「有物混成，先天地生，……可以爲天下母。吾不知其名，強字之曰道。」認爲道是一種先於天地而存在的混沌之物，是生成天下萬物的母親。所以說「道生一，一生二，二生三，三生萬物」，道是宇宙萬物產生的本原，道生天地，天地生萬物，一切都是道的派生物。道的樣子如何呢？老子形容它時這樣說到：「道之爲物，惟恍惟惚；惚兮恍兮，其中有象；恍兮惚兮，其中有物；杳兮冥兮，其中有精；其精其眞，其中有信。」〔註6〕道是虛空的而難以捉摸的，充塞於宇宙之中，混混沌沌，恍恍惚惚，看不清什麼，卻其中確實有象有物，有眞有信。難以用語言來描繪道的形態，也找不出合適的東西來比喻。楊維楨在《煮茶夢記》中所說的「道人乃遊心太虛，雍雍涼涼，若鴻蒙，若皇芒，今天地之未生，適陰陽之若亡，恍兮不知入夢」，正是描寫的在茶煙之中與「道」相合的體驗，遊心於道之中，彷彿天地未生之時，陰陽的差異沒有了，恍恍惚惚地置身於夢中，置身夢中即是置身道中。作者這樣描寫道：

> 因作《太虛吟》，吟曰：「道無形兮兆無聲，妙無心兮一以貞，百象斯融兮太虛以清」。歌已，光飆起林末，激華氛，郁郁霏霏，絢爛淫艷。乃有扈綠衣，若仙子者，從容來謁。云：名淡香，小字綠花。乃捧太元杯，酌太清神明之醴以壽。予侑以詞曰：「心不行，神不行，無而爲，萬化清。」壽畢，紓徐而退。復令小玉環侍筆牘，遂書歌遺之曰：「道可受兮不可傳，天無形兮四時以言，妙乎天兮天天之先，天天之先復何仙。」移間，白雲微消，綠衣化煙，月反明予內間，予亦悟矣。遂冥神合元，月光尚隱隱於梅花間，小芸呼曰：「凌霄芽熟！」

此情此景之下，楊維楨不禁作了一首《太虛吟》：「道無形無聲，得道的感覺是妙然卻無心，百千物象融合於太虛之中而清新天眞。」這裡茶的烹煮過程本身就是雅致寧靜的，其清幽之趣正如羅廩在《茶解》中形容的「山堂夜坐，汲泉煮茗，至水火相戰如聽松濤，清風滿懷，雲光艷斂，此時幽趣，固難於俗人言也。」夜晚山堂中汲來清泉烹茗，松濤清風中，雲光瀲灩，清幽野趣非世俗之人能體會。烹煮茶湯時的水聲常常用松風來形容，「松風」即「煮水三辨」的聲辨，蘇軾曾形容它「蟹眼已過魚眼生，颼颼欲作松風鳴」。

〔註6〕《老子·二十一章》。

陸羽在《茶經·五之煮》中指「其沸如魚目微有聲爲一沸，緣邊如湧泉連珠爲二沸，騰波鼓浪爲三沸」。

田藝蘅在《煮泉小品》中對於煮茶用水的選擇，也有類似的說法。他認爲煮茶最好用靈水來作爲仙飲。

靈，神也。天一生水，而精明不淆。故上天自降之澤，實靈水也，古稱「上池之水」者非也？要之皆仙飲也。露者陽氣勝而所散也。色濃爲甘露，凝如脂，美如飴，一名膏露，一名天酒。《十洲記》：「黃帝寶露。」《洞冥記》：「五色露。」皆靈露也。《莊子》曰：「姑射山神人，不食五穀，吸風飲露。」《山海經》：「仙丘絳露，僊人常飲之。」《博物志》：「沃渚之野，民飲甘露。」《拾遺記》：「含明之國，承露而飲。」《神異經》：「西北海外人長二千里，日飲天酒五斗。」《楚辭》：「朝飲木蘭之墜露。」是露可飲也。〔註7〕

「這個具有神奇之力的『道』，賦予萬物以生氣。這個整體知道，包括陰陽兩種元素。整體之道通過陰陽兩元素的運動作用，就恰似一個大靈魂，可由自身無限地分化出許多物體，這是個彌散的過程，在此過程中，宇宙萬物每個個體都賦有了一定的生氣。當含『生命素』越多的物質，被人服食以後，則越能收到強身健魄之效。在這種觀念之下，那些含『道』，含『生命素』成分較多的物質（雖爲數較少），卻是延年益壽、長生不老的珍品。所以在《道藏》中，我們能夠找出無數『注進了道』的或『含有生命素』的物質，服食可以求仙。」〔註8〕鄭板橋在《寄弟家書》中對烹茶之仙境也有讚美，他說「坐小閣上，烹龍鳳茶，燒夾剪香，令友人吹笛，作《落梅花》一弄，眞人間仙境也。」坐於小閣樓中，烹煮龍鳳茶，烤出溫熱的茶香，旁邊友人用笛子吹出《落梅花》的曲子，眞可以說是置身於人間的仙境。黃庭堅在《煎茶賦》中也有「洶洶乎如澗松之發清吹，皓皓乎春空之行白雲」的描述，可以想見爐火蒸騰，水聲攘攘茶煙裊裊，清馨迷人的情景，人在茶中彷彿魚在水中，融合而悠然。

三、《煮茶夢記》與「仙茶說」

作者在描述飲茶的感受時，會將仙與茶聯繫在一起，這與東漢之後道教的普及密切相關。《神異記》中曾記載：「餘姚人虞洪，入山採茗，遇一道士

〔註 7〕田藝蘅《煮泉小品》。
〔註 8〕賴功歐著：《茶哲睿智——中國茶文化與儒釋道》，北京：光明日報出版社，1999 年版，第 13 頁。

牽三青牛，引洪至瀑布山，曰：『吾，丹丘子也。聞子善具飲常思見惠。山中有大茗可以相給，祈子他日有甌犧之餘，乞相遺也。』因立奠祀，後常令家人入山，獲大茗焉。」丹丘子爲漢代的僊人。陸羽在《茶經・七之事》中引南朝著名醫學家、道教思想家陶弘景的話：「苦茶，輕身換骨，昔丹丘子黃山君服之」，認爲口味清苦的茶能讓人感覺身體輕盈，彷彿脫胎換骨一般，昔日丹丘子黃山君都服食它。道教使用「服食」，是指服用草木、礦石藥物等以求長生之用，通常是與養生體道聯繫在一起，這句話記載了飲茶有利於道教徒修煉羽化的功用。許多詩人都對類似的體驗做了吟詠，例如溫庭筠在《西嶺道士茶歌》中寫道：「仙翁白扇霜鳥翎，拂壇夜讀《黃庭經》；疏香皓齒有餘味，更覺鶴心通杳冥」。古時視鶴爲「仙禽」，故鶴心猶「仙心」，這首詩描寫了西嶺道士搖著霜鳥翎毛做的白扇，夜裏邊喝茶邊讀著《黃庭經》〔註9〕，唇齒留香有餘味，彷彿一顆仙心通向了幽暗深遠的玄妙之境。

通過梳理資料可知，歷代眞仙高道爲道家與茶的融合與發展作出了積極的貢獻，不僅以茶養生、樂生，還將其悠居修煉之地作爲養生之仙境趣所。將僊人、眞人所居之所稱之爲洞天福地，其中包括有十大洞天，三十六小洞天，七十二福地，絕大部分是清心秀麗的名山大川，有益於產出品質優良的茶葉，道教徒們也以種茶、採茶、品茶爲人生的樂趣。爲數不少的道教洞天福地就在如今的產茶區，其中有一些山峰本身就是名茶產地，如盛產武夷岩茶的武夷山，極具盛名的「洞天貢茶」產地青城山，以及武當山等等。甚至後來凡有煉丹丘爐和烹茶器具之處，都有道人棲居修煉。由於煉製仙丹妙藥需要長時間集中精力，掌握火候和煉製狀況，有的甚至日以繼夜，身體的疲累可以想像，爲了解除疲勞，茶也成爲了不可或缺的助手。

道家是「古代中國社會思想文化體系中以道爲其核心觀念，強調天道自然無爲、人道順應天道的一個流派」〔註10〕，主要包括先秦時期的老子與莊子的思想，也包括崇尚老莊思想及黃老之學的一切流派。而信奉道教的修行者更是將相關學說和實踐提升到宗教層面的重要人群。其中，「重人貴生」的養生理念是道家的重要思想，這也是道家區別於其他流派的重要內容，而道教是世界上最爲重視現世生命存在的宗教之一，早期的道教就是將「重人貴

〔註9〕《黃庭經》是道教上清派的重要經典，也被內丹家奉爲內丹修煉的主要經典，屬於洞玄部。現傳《黃庭經》有《黃庭內景玉經》、《黃庭外景玉經》、《黃庭中景玉經》三種，書中認爲人體各處都有神僊，首次提出了三丹田的理論。

〔註10〕劉增惠著：《道家文化面面觀》，濟南：齊魯書社，2000年版，第1頁。

生」的思想作為修行的基本要旨的。他們將人生最為首要的目標確定為頤養和延續自身的生命，其教義核心便是得道，即經過身心修煉來獲得的長生不死之道，這樣一來人便可以返原歸真，與天地之道相融合，從而達到絕對的自由。馬鈺〔註11〕作為「全真七子」之首，其所作的茶詞在道教關於茶的文學作品中也非常具有代表性。他在《長思仁·茶》中這樣寫道：「一槍茶，二旗茶，休獻機心名義家，無眠為作差。無為茶，自然茶，天賜休心與道家，無眠功行加。」另一首《西江月》也很有意境：「江畔溪邊雪裏，陰陽造化希奇。黃芽瑞草出幽微，別是一番香美。用玉輕輕研細，烹煎神水相宜。山侗啜罷赴瑤池，不讓盧同知味。」這兩首詞的意旨都是說明道教徒品茶講究的是親近自然和清靜無為的精神，主張以重生延壽和修道成仙為目的，輕身羽化最終能到仙界瑤池中與群仙相會。

　　道教徒追求長生不死、羽化成仙，所以服食採補、煉丹製藥也就成了他們日常修煉的內容。隨著道教日益深入人心，上至皇帝大臣，下至黎民百姓對道教都有不同程度的信奉。不少文人墨客也信奉甚至加入道士的行列，茶與道教修煉相結合的例子在關於茶的詩詞中也普遍可見。兩者相互結合成為了文學作品的主角，而像李白這樣加入道士行列的文人也開始出現。

　　李白〔註12〕曾在《答族侄僧中孚贈玉泉僊人掌茶並序》中寫道：「常聞玉泉山，山洞多乳窟。仙鼠如白鴉，倒懸清溪月。茗生此中石，玉泉流不歇。根柯灑芳津，彩服潤肌骨。叢老卷綠葉，枝枝相接連。曝成僊人掌，似拍洪崖肩。舉世未見之，其名定誰傳。宗英乃禪伯，投贈有佳篇。清鏡燭無鹽，顧慚西子妍。朝坐有餘興，長吟播諸天。」詩中所提到的玉泉寺是一座佛教名寺，位於荊州當陽縣西三十里處。根據《方輿勝覽》的記載：「陳光大中浮屠知顗自天台飛錫來居此，山寺雄於一方。」〔註13〕後人難以考據詩題中的族侄僧中孚的真實身份，根據詩意一般認為其可能是玉泉寺的僧人。而詩《序》中云：「其水邊，處處有茗草羅生，枝葉如碧玉。惟玉泉真公常採而飲之，年八十餘歲，顏色如桃花。而此茗清香滑熟異於他者，所以能還童振枯扶人壽

〔註11〕馬鈺名從義，字宜甫，後改名鈺，字元寶，扶風（今屬陝西）人。金貞元間舉進士，後從王重陽學道，王重陽仙逝後由他來執掌全真教。

〔註12〕李白（701～762），字太白，號青蓮居士，唐朝詩人，詩風浪漫朗逸，素有「詩仙」之稱。

〔註13〕〔清〕王琦著：《李太白全集》，上海：上海書店影印世界書局舊版，1988年，第436頁。

也。余遊金陵，見宗僧中孚示余茶數十斤，拳然重疊，其狀如手，號為僊人掌茶。蓋新出乎玉泉之山，曠古未覯。因持之見遺，兼贈詩，要余答之，遂有此作。後之高僧大隱，知僊人掌茶，發乎中孚禪子及青蓮居士李白也。」有學者認為「這首詩寫了名茶『僊人掌茶』，是名茶入詩最早的詩篇。」〔註14〕李白在這首詩中用浪漫飄逸的想像力，生動地對玉泉山的茶做了描述，序中所說的《仙經》是「道教修仙之經典也」〔註15〕，而提到的「彩服」也是道教徒修行的常見方式，而洪崖亦作「洪厓」或「洪涯」，傳說是黃帝的臣子伶倫的仙號。晉代郭璞在《遊仙詩》中就曾說：「左挹浮丘袖，右拍洪崖肩」，以此來描繪想像中的神仙居處和生活情態。而詩《序》中所提的飲茶「還童振枯」的作用，是道教徒內心所渴求的修煉目標之一。但提神醒思不是最為重要的，通往神仙之路才是他們珍視茶的原因。

皎然〔註16〕是繼李白之後，把道教精神與茶相結合的詩人，甚至對之前的茶詩有了一定的超越。他雖是僧人，但其思想並不限於佛學。《唐才子傳》卷四中對他有這樣的介紹，其「初入道，肄業杼山，與靈徹、陸羽同居妙喜寺。」〔註17〕在年紀上，比同時期的茶聖陸羽年長。他為人思維通達，個性豁達而活潑，自稱為「達僧」。他的茶詩被認為最得茶道之精義，在我國的茶詩中顯得尤為耀眼。他的茶詩並不完全是受禪宗的影響，而是不同程度地受到儒道禪三家的影響，尤其是道與禪的影響。讀他的詩作常可以看到其與道士交遊的蹤跡，對於道家經典的研究也有所涉及，有嚮往成仙的追求。例如《買藥歌送楊山人》中說：「河間姹女直千金，紫陽夫人服不死。吾於此道復何如，昨朝新得蓬萊書。」而在《步虛詞》中他說：「予因覽真訣，遂感西城君。玉笙下青冥，人間未曾聞。日華煉精魄，皎皎無垢氛。謂我有仙骨，且令餌氤氳。俯仰愧靈顏，願隨鸞鵠群。俄然動風馭，縹渺歸青雲。」可見皎然並不排斥道教徒的修煉與長生理想，並在《別山詩・序》中形容自己是「禪僧仙師，時得道會」，表明要將「仙」、「禪」兩相融合的意旨。

道家認為，道是無所不在的。循著這一思路，在秉承道家思想的茶人看

〔註14〕陳宗懋著：《中國茶經》，上海：上海文化出版社，1992年，第610頁。
〔註15〕李叔還著：《道教大辭典》，杭州：浙江古籍出版社，1987年，第72頁。
〔註16〕皎然（公元730～799），名晝，俗姓謝，據知其為南朝宋大詩人謝靈運的第十世孫。
〔註17〕辛文房著、舒寶璋校注：《唐才子傳》，鄭州：中州古籍出版社，1987年，190頁。

來，茶道也是自然大道的一部分。這種理念使得人們從發現茶、利用茶到品味茶的整個過程，都將其與自然大道想聯繫。道家思想發展到兩漢魏晉南北朝時，隨著自然之道這一觀念的普及，人們對於人生思考逐漸轉變為怎樣才能成為得道之人，怎樣才能羽化成仙。例如唐代詩人盧同在《七碗茶歌》中寫道：「一碗喉吻潤，二碗破孤悶。三碗搜枯腸，惟有文字五千卷。四碗發輕汗，平生不平事，盡向毛孔散。五碗肌骨清，六碗通仙靈。七碗吃不得也，唯覺兩腋習習清風生。蓬萊山，在何處？玉川子乘此清風欲歸去。」仙也被形容為輕舉貌，例如杜甫的《覽鏡呈柏中丞》中有「行遲更覺仙」。「仙茶說」是認為茶對於人的輕身和羽化的效用，讓人有出於塵外，遁入山林之感。而《廣陵耆老傳》中所載的老姥鬻茗的神異故事，這也是道教方術在茶中的投影。《茶經・七之事》中記載：「晉元帝時有老姥，每旦獨提一器茗，往市鬻之，市人競買。自旦至夕，其器不減，所得錢散路傍孤貧乞人，人或異之，州法曹縶之獄中，至夜，老姥執所鬻茗器，從獄牖中飛出」，說的是晉元帝時，有一老婦人每天早晨獨自提著茶，到集市上去賣，人們爭相購買。而茶器中的茶從早賣到晚也沒見減少。她把賺來的錢分送給路邊孤苦伶仃的乞討者，有人對她的事情感到難以置信，報告給了官府。官府的差人把老婦人抓起來捆送到監獄，到了晚上，老婦人手提茶器，從監獄的窗戶飛了出去。這則故事，生動地描繪出這位賣茶的老婦人有著高超法術與善良心靈，也表現出當時人們對於神仙之存在的認同。

　　楊維楨筆下的綠衣仙子綠花正是茶之仙子，從容淡雅，款款而至。佳茗與佳人的比附，正是蘇軾在《次韻曹輔寄壑源試焙新芽》中的觀點：「仙山靈草濕行雲，洗遍香肌粉未勻。明月來投玉川子，清風吹破武林春。要知冰雪心腸好，不是膏油首面新。戲作小詩君勿笑，從來佳茗似佳人。」在蘇軾看來，茶的冰雪清馨，彷彿美麗的女子那般可人。而田藝蘅在《煮泉小品》中認為，蘇軾將茶比為佳人雖美，但未離塵俗，還未得茶的要妙，茶當如毛女、麻姑這般具有超塵脫俗氣質的仙女才更為精準。故而說：「茶如佳人，此論雖妙，但恐不宜山林間耳。昔蘇子瞻詩：『從來佳茗似佳人』，曾差山詩『移人尤物眾談誇』，是也。若欲稱之山林，當如毛女、麻姑，自然仙風道骨，不浼煙霞可也。必若桃臉柳腰，宜亟屏之銷金帳中，無俗我泉石。」而南宋道人玄虛子從小慕仙好道，曾為汾陽龍興觀的全真道士，他在《詠茶》詩中這樣寫道：「金童採得靈芝葉，玉女收將閬苑芽。若是有人知此味，清香勝過趙州

茶。」詩中用靈芝葉來比喻茶之葉，用玉女摘收的闐苑芽來比喻茶芽，兩者皆為仙境之物而非凡間所有。闐苑也稱闐風苑、闐風之苑，傳說位於崑崙山之巔，是西王母居住的地方。闐苑在詩詞中常用來指代神仙居住的地方。金童和玉女是侍奉僊人的童男童女，靈芝、闐苑也都是道教中的神話形象。茶的天然純真，讓人們很自然地聯想到道家一直追求的返樸歸真的情趣。

在《煮茶夢記》這小小的篇幅中，楊維楨將茶——夢——道結合起來，認為茶可以品味，道可以意會，兩者皆難以言傳。而天空沒有留下行跡，四季流轉無聲無息，一切事物都包含在自然之道中，而「道」存在運行於一切之先，是一切運行變化的動力之源。一旦把握住了這「天天之先」的妙道，又何必再求什麼神仙？輕輕撥弄著茶釜中滾沸的沫餑，以明月為伴，以星空為友，人、茶、道在夢中渾然一氣，悠然自得地進入仙道的亦幻亦真的飄渺境地。